マドンナメイト文庫

素人告白スペシャル 真夏の絶頂不倫旅

素人投稿編集部

※本書に掲載した投稿には、読みやすさを優先して、編集部でリライトしている部分もあります。なお、投稿者・登場人物はすべて仮名です。

第一章

真夏の熱気に煽られて解放される欲望

素人告白スペシャル
真夏の絶頂不倫旅

夏のビーチで盗撮男を捕まえた人妻たち お仕置き代わりに勃起棒を弄びまくり！

藤野めぐみ　主婦・三十七歳

「あれ、ぜったい盗撮してるよ」

白いホルターネックのビキニ姿で目を細めた真由子《まゆこ》のするどい視線の先には、ビーチの喧噪《けんそう》から五十メートルほど離れたところに立てられた、目立たないアースカラーの小さなテントがありました。

日よけというより荷物置き場にしている雰囲気なのですが、そのポツンとした感じは確かにちょっと妙だったんです。

真由子曰《いわ》く、テント入り口のジッパーのすき間から金属の反射するような光が何度も見えたんだそうです。そしてそれは「ぜったいカメラのレンズ！」なのだとか……。

雲一つない青空の下、エメラルドブルーに輝く海の前ではあまり耳にしたくない話題でした。でも、高校生時代に甲子園でチアリーダーをしていた真由子の言葉だけに、重みと説得力がありました。

当時真由子は、いわゆるカメラ小僧から集中的に狙われて苦労した経験があるんです。

「まちがいないよ。ああいうヤツはガツンとこらしめてやんなきゃ」

そう言うなり大股でテントへ向けて歩きだしたのを見て、私はあわてて追いかけることしかできませんでした。

長身で脚の長い彼女に小柄な私がついていくのはたいへんでしたが、グラマスなお尻を振ってノシノシ歩く真由子は、いまにも走り出さんばかりでした。

真由子が好戦的になっていたのは、昔のことを思い出したからだけではなく、実はもう一つ理由があったんじゃないかと思います。

ナンパ目当てで遠路はるばる有名なビーチまで来たのに、名所すぎたせいかカップルばかりで、午前中から午後までねばって誰にも声をかけられなくて……。

三十四歳、ともに既婚。高校生のころからいっしょに遊んできた私たちはそれなりの実績もあり、容姿やプロポーションには自信を持っているつもりでした。

でも三十路《みそじ》も半ばになったいま……直視したくない残酷な現実を突きつけられている気がして、心中穏やかじゃなくなっていたんです。

特に真由子はプライドが高いというか、ずっとモテてきただけに女王様気質が板についていました。たまったうっぷんやモヤモヤを発散させたくてウズウズしていたんじゃないかと思うのです。

一直線にテントの前まで来た真由子は、「おい、中のお前！ ずっと盗撮してたんだろ？ わかってんだよ！」と果敢《かかん》な熊犬みたいに吠えかかりました。テントの入り口はいつの間にか堅く閉じられていて、中からはいっさいの応答がありません。

とても不気味でした。そもそも中にいるのがどんな人かもわからないだけに私はハラハラしっぱなしで、さすがにたしなめなきゃいけないと思いました。

ところが真由子は、入り口のジッパーのツマミに手をかけるなり、私が声をかける間もなく一気に全部引きおろしてしまったんです。

「ちょっと、真由子！」

テントの生地が左右に割れて、中の光景が目の前に広がりました。逆にテントの中の人からは、真由子の迫力満点なグラマラスボディがいきなり目の前にそびえ立って見えたんじゃないかと思います。

「あ……」

三脚に乗せられた大砲のようなカメラの横、小さく声をあげたまま口を開けてへたり込んでいたのは、ヨレヨレのTシャツと短パン姿の、いかにも気弱そうな二十代くらいの男でした。

「ほら、やっぱ撮ってたじゃん！　何撮ったのか見せなさいよ」

ほとんど激高している真由子が、私の手を振り払うようにしてテントの中に身を割り込ませました。

男はすっかり気おされた様子で、「す、すみません、消しますから」と、暗に犯行を認めつつ抵抗しましたが、真由子は「見せろっつってんの」とオロオロ状態の彼を尻目にカメラ背面のボタンを勝手に操作しはじめました。

そのまま画像を表示させたようです。

「ちょっと、これ私たちじゃん。メグ、あんたも撮られてるよ！」

言われて私も他人事ではいられなくなりました。

真由子がカメラをグイッとひねって液晶画面をこちらに向けると、そこには青い水着を着た私を前後から捉《とら》えた全身のほか、顔や体の各所を驚くほどのアップで撮った写真が……。

こうして客観的な画像を見せられると、自分の水着も真由子に負けず劣らず気合が入っている感じがして、すごく恥ずかしくなりました。

実際のところ、私たちがこのビーチに来たのは欲求不満のかたまりになってしまっていたからで、確かに気合は入っていたんです。

結婚八年目でセックスレスの真由子は旦那の浮気を疑っていて、私は十五歳年上でアッチのほうが弱くなってきた夫に、男を感じられなくなっていました。

それで、それぞれ適当な嘘をつき、海の透明度の高さで有名なこのビーチへ二人で一泊旅行に来たのでした。

笑われるかもしれませんが、来る前はナンパされまくりの未来を予想していて、一日で何人も相手にすることになるんじゃないかとまで思っていました。

私も真由子もふだんからスポーツジムに通っていましたし、そうでなくとも子どもを産んでいない分だけプロポーションは崩れていないはずでした。顔だって真由子はワイルドな感じの美人、私はカワイイ系でずっと連勝してきていましたし……。

自分で言うのもなんですが、だからこそ私たちの水着姿は相当に「お高い」という意識がありました。それを盗撮されたというのは、やはり許せない気がしてきます。

当然ながら真由子もたくさん撮られたようです。

「どこをアップにしてんのよ、この変態!」

などと文句を言いながら、時間をかけて細かく画像をチェックしていました。怒りのせいか、狭いテントの中でその変態男と肌をくっつけんばかりにしている彼女の顔は上気していました。

おや？　と思ったのは、真由子のそういう表情に見覚えがあったからです。

これは真由子が欲情しているときの顔でした。目がキラキラと輝き、頬が紅潮して、小鼻が少しふくらんでいて……。

そのとき、真由子が「あんた、どうせこれ見ながらシコるつもりだったんでしょう? いまも興奮してんじゃないの?」と、ビキニがはち切れそうな大きなバストを男の目の前に突き出しました。

そして意味ありげな顔で私を見て笑ったんです。

「メグ、入り口閉めて見張ってて。こいつ、いまからこらしめてやるから」

「ちょっと真由子……ウソでしょ?」

まさかとは思いましたが、真由子は一歩も引かない様子でした。その迫力に押されるかたちで、私もつい言われたとおりにしてしまったんです。

入り口を閉めてからしばらくの間は、ヒソヒソ声しか聞こえてきませんでした。

でも少しすると「キモッ……なにビンビンにしてんの?」「女にこんなふうにされて情けなくないの?」「もっと気合入れて舐めなさいよ」などなどと、真由子が変態男を責め立てるなまなましい声が洩《も》れ聞こえてきました。

周囲には私以外に誰もいず、遠くでイチャついているカップルたちの楽しげな声が風に乗って聞こえてくるばかりでした。

テントに背中を向けて砂の上に体育座りしていると、やがて背後から「あぁっ、んっ」と真由子の甘ったるい声が……。

こうなることはわかっていましたが、いくら盗撮犯をこらしめるという名目だったとしても、私の感覚で言ったらぜったいありえませんでした。それでも、気にはなってしまいます。

「あんたみたいな変態が私にふれるだけでも、ありがたいことなんだからね」

「手が休んでるよ、集中しなさい！」

「ほら、もっと……もっと奥まで……もっと！」

「うんつ、あぁ、そこイイッ……そこそこそこそこ！」

さすがは常に男を見下して生きている真由子です。堂に入《い》ってるなと感心しつつ、こちらの頬まで熱くなりました。

もちろん恥ずかしい気持ちになったからですが、それだけではありませんでした。気がつくと、体育座りをしたまま片手を太腿の間に挟み、水着の上からあそこを指でなでてしまっている自分がいたんです。

テントの薄い生地一枚をへだてて聞こえてくる荒《あら》い息づかいや、湿った音に衝《つ》き動かされるように、手や指が勝手に動いていて……。

外でこんなことをするのは初めてでしたから、周囲を何度も確認しました。そうしながら左右の手を水着の中にすべり込ませて、アソコと乳首を直接いじっていました。

砂にもぐり込ませた足の指を曲げ、唇を噛んで声を殺しました。頭の上をトンビが飛んでいて、見られちゃってる……と思いながらどんどん昂《たかぶ》っていきました。

「三十路」「セックスレス」「欲求不満」という言葉が切なく頭の中を巡って、同時にテントの中の光景もまざまざと思い浮かんでくるなか、真由子のひと際大きな喘ぎ声が耳にすべり込んできました。

あ、真由子イッたんだ……。

ちょっとのぞいてみればよかったと思いつつ私もあと少しでオーガズムに、と下腹部に力を入れたとき、不意に背後でテント入り口のジッパーが開く音が！

あわてて両手を戻して姿勢を正しました。平静を装《よそお》って振り向くと、満足そうな顔をした真由子が全身汗だくで外に出てくるところでした。

「ふう……メグぅ、お待たせぇ。いいよぉ」

ニヤリと笑った真由子が親指で背後のテントを示しました。そして「メグも好きなだけとっちめてやんな」と、当然のことのように言ってくるのです。

「えっ？　私はいいよ、そんな……」

興味がなかったと言ったら嘘になります。でも私は性格的にあんな大胆なことができるタイプではないんです。なのに「ダメダメ、勝手に撮られてシコられるところだったんだよ？　こっちが使ってやんなきゃ」と、真由子が私の背中を強引に押してきて……。

「バイブ代わりだと思えばいいからさ。はい、コンドーム」

それなりに激しい押し問答はありました。でも……結局はなし崩し的にテントの中に閉じ込められてしまったんです。

テントの床で体育座りをしている私の横に、一糸まとわぬ姿の男がいました。目が合うなり「すみませんでした！」と土下座して謝ってきて、どうしていいかわからずにとまどっていると、テントの外から「とりあえず足の指でも舐めさせてやんなよ」と真由子が助け舟を出してくれました。

「じ、じゃあ……」

そっけない口調で素足を男のほうへ突き出したとき、私の顔は真っ赤だったと思います。それなのに、砂だらけの足の指を舐められているうち、理性とは裏腹にどんどん体が熱くなってきました。

男のアレは硬く大きくなっていて、気がつくと目が離せなくなってしまいました。そういうものを見るのも久しぶりだったんです。

そのうちに男の手が太腿に伸びてきました。舌も足先からふくらはぎへとせり上がってきて……。

思わず声が出そうになりました。でも外にいる真由子を意識してグッと噛み殺していると、真由子が今度は男に向かって「メグ様に全身奉仕してやんな」と指示を出したんです。

男の手が水着の上からアソコにふれ、布地越しに割れ目をソロソロとなぞってきました。さらに水着の脇のところから胸元に手を入れられ、直前まで自分でさわっていた乳首を刺激されて、もう声を抑えることができなくなってしまいました。

「あっ、ああっ……」

納得できてないのに体が言うことを聞かず、自分でも怖いほど感じてしまっているのがわかりました。欲求不満のせいもあると思いますが、それ以上にこの異様なシチュエーションが私を敏感にさせていたのかもしれません。

真由子に声を聞かれてしまう恥ずかしさをこらえながら、いろいろなところをさわらせ、舐めさせ、気づけば私も汗だくになっていました。

ヌルヌルのバストをもみしだかれ、乳首を舐められ、腋を吸われ、クリトリスやGスポットを指で愛撫されました。

全裸になるのはどうしてもいやだったので水着をズラすところまでしか許さなかったのですが、それがよけいにいやらしい感じになってしまい、ビーチの片隅にいるという事実が強く意識されました。

実際、真由子が見張ってくれているとはいっても、いつ人が来るかわからない状況でした。

そんななかで自分から男のモノをおしゃぶりしだしたりして……我ながらどうかしてたと思います。

アレにこびりついた砂を指で払い、口に入れると、なつかしい味とにおいに頭がボーッとなりました。自分が熟女だなんて思ったことはありませんでしたが、若い男のモノに陶然《とうぜん》とするなんて、やっぱり三十路はおばさんなのかもと思わないわけにはいきませんでした。

なにしろ、こっちから襲ってるかたちなんですから……。

ＡＶやエッチな漫画に出てくるような熟女像そのままの自分にあきれながら、私は夢中でモノを頬張り、そして……騎乗位で彼を犯していました。

「ああっ……は、入ってる！」

恥ずかしさはいつの間にか消えていました。彼の胸に手をつき、激しく腰を上下させて、私は久々のセックスを楽しんでいました。

相手は盗撮犯だと思うと気持ち悪いような気もしましたが、幸か不幸か、細身の彼はちょっとカワイイところもあり、年上の女の悪戯心をくすぐるのです。

真由子の気持ちわかるなと思いつつ、私は自分から後ろに倒れて、ごく自然に正常位の格好になりました。

グチュッ、グチュッという音で自分がすごく濡れているのがわかりました。

密着するかたちで胸と胸が合わさったあと、自分から彼を抱き締める格好でディープキス……。

名目上は盗撮犯の成敗なのですが、これも浮気になるのかなと、少しだけ夫の顔が目に浮かびました。

年上で頼りがいのある夫のことはけっして嫌いではないのですが、先にも書いたとおり、アッチの元気が年とともになくなってきていて、もしセックスしようと思ったら、私がものすごくがんばらなければなりませんでした。

それでもできないということが重なって、いつしか私も求めようとする気持ちがなくなってしまっていたんです。

年下の男にこうして全身を愛撫され、カチカチのもので激しく貫かれていると、自分が無理をしていたんだなぁと実感しないわけにはいきませんでした。

そして横臥位、バックへと体位を変えて、いよいよオーガズムに達しようとしたときでした。テントの外から「人が通るよ！　声抑えて！」と、真由子の鋭いささやき声が飛び込んできたんです。

すぐにたくさんの足音とともに若い団体らしい男女の楽しそうな声が聞こえて

きて、ものすごく緊張しました。

彼もハッとした様子で息を呑み、腰の動きを止めていました。

でも、私の骨盤はクイクイと小刻みに傾いていて、絶頂寸前の快感をむさぼりつづけてしまっていました。

どうしても止められなかったんです。

「んっ……んんっ……あっ……くっ……」

自分の手で口を押さえて声を殺そうとするのですが、体は勝手に気持ちいい当たり所を探ってしまいます。

あれの先が子宮口に当たり、グッ、グッと自分から強く押しつけてしまうたび、断続的に声をあげつづけてしまいました。

外で真由子が咳払《せきばら》いをしたり、スマホから音楽を流したりしてなんとか私の声をかき消してくれたので事なきを得ましたが、このことは後でさんざんからかわれることになりました。

真由子曰く、私はかなりのムッツリスケベで、ふだんは清楚《せいそ》ぶっているくせに、ほんとうは真由子よりも性欲が強いのだそうです。

正直、そうなのかもしれないと思います。

だって、団体さんがそばを通っている最中にも一度達してしまっていましたし、それだけでは満足できず、再び静かになったあとは真由子がかけてくれている音楽におんぶにだっこで、ラブホテルでしているのと変わらない大声をあげて乱れてしまっていましたから……。

最後は再びの正常位でした。

水着から両腕を抜いて腰のあたりに青い布地をまとわりつかせ、アソコの部分を横にズラして貫かれながら、私は夢中になって喘いでいました。

「もっと……あぁ、もっと激しくして!」

自分で自分のバストをつかみ、滅茶苦茶にもみしだき、彼の腰を両足でロックしていました。

「き、気持ちいい……久しぶりなの……あぁ、すごいっ、硬いのが当たってる!」

ふだんの私はこんなふうに叫んだりはしません。やっぱりこの特別なシチュエーションのせい、いいえ、夏のせいだったと言いわけをさせてください。

「いいの！　もっとして……もっとしなさい！　まだイッちゃダメ！」

先に真由子のお手本があったせいか、自然と言葉が出てきました。

「イクッ……あぁ、イクッ……そのまま……そのまま突きなさい！」

ほんとうに、ほんとうに数年ぶりの大きなオーガズムでした。

快感の波にさらわれた私は弓なりにそり、ビクンビクンと痙攣しました。

彼は真由子との一戦で一度射精していたらしく、そのせいか、とても長もちでした。おかげで私はさらに二回も大きなオーガズムを欲張ることができました。

これは後で知ったことですが、真由子よりも私のほうがずっと長い時間「お楽しみ」だったんだそうです。

「あぁ、またイクッ……イクの！　おかしくなっちゃう……あぁぁぁっ！」

自分が何を叫んだのか、正確に覚えているわけではありませんが、真由子によると、私はとにかくそんなようなことを何度も叫んでいたということです。

コンドームをつけていたのでそのまま中で射精され、脈動する彼のモノを感じながら、私はほとんど茫然《ぼうぜん》自失《じしつ》の状態になっていました。

こうして盗撮犯を「こらしめた」私たちは、目の前で画像を消させ、とても満ち足りた気持ちでホテルへの帰路につきました。そして部屋に入ると「男を逆レイプしちゃったねー！」と心から笑い合ったのです。

普通ではありえないことでしょうし、たぶん一生に一度のことだと思いますが、三年前のこの体験を思い出すたび、あのときの快感と愉快さがよみがえってきます。

ちなみに昨年、真由子は旦那の浮気を理由に慰謝料をたくさんもらって離婚をし、さすがというべきか、すぐに新しい彼氏を作りました。

なので最近はいっしょに遊べていないのですが、私は私で、また夏の思い出を作ろうと画策していて、エステに行ったり、新しい水着を買ったりして、虎視《こし》眈々《たんたん》の日々を送っているこのごろです。

炎天下の車中でスーツを脱いだ美女社員
汗だくになった妖艶ボディに誘われ……

大木純吾　会社員・二十六歳

今年の夏、会社の上司と得意先に出向いたときの話です。

私は建設系の会社で働いており、外回りの仕事もしょっちゅうやらされます。

今回は伊崎《いさき》さんという三十六歳の女性上司と同行することになりました。

彼女は美人ですが性格がキツく、部下である私の前ではけっして甘い顔は見せません。

特に最近は旦那さんとうまくいっていないとかで、私に八つ当たりをすることが増えました。立場の弱い私はこれ以上怒らせないように、黙って聞いているしかないのです。

なので、今回のような二人きりの出張となると、ずっと顔を合わせることになり気が重かったのです。

案の定、私が運転する車の中でも愚痴《ぐち》ばかりでした。渋滞しているのにもっと急げと文句を言われ、私も内心ではうんざりしていました。

さらにこの日は、やたら気温の高い真夏日だったのです。

炎天下の中を建設中の建物を視察し、あちこちを歩き回らされました。しかし暑さでまったく仕事に身が入りません。

ようやく仕事から解放されると、私たちは汗だくになりながら車に戻りました。

「ああ、体じゅうが汗びっしょり。もう最悪の気分」

彼女はこのような日でもきっちりスーツを着ており、よけいに暑さが身にこたえたようです。ひたいから流れる汗をぬぐいながら、さっそく愚痴っていました。

私もすぐに車を走らせて会社に戻ろうと思ったのですが、いつもは助手席に座る彼女が、なぜか後部座席に乗り込みました。

いったいどうしたのかと思い、私は運転席から振り返りました。

すると彼女は、後部座席でスーツを脱ぎはじめていたのです。

「ちょっと、こっち見ないでよ」

背中から注意をされた私は、あわてて顔を前に向けました。

どうやら彼女はスーツを脱いで、汗をハンカチでぬぐおうとしているようです。

ところが彼女の姿は正面のバックミラーからまる見えです。暑さにやられてそのことに気づいていないのでしょう。

彼女はワイシャツをはだけてハンカチを胸元や腋の下に通していました。すっかり油断をして黒いブラジャーまで堂々とさらけ出しています。

私はこっそりとのぞき見をしながら、彼女の姿にムラムラと欲情していました。ふだんは下心を抱くことなどもなかったのですが、汗で濡れた肌をぬぐう表情がとても色っぽかったのです。

つい見とれてしまっていると、彼女が助手席に戻ってきました。

このときあわてた私は、勃起した下半身を隠してしまったのです。それを見られてしまったばかりか、目の前にあるバックミラーにも気づかれてしまいました。

「やだ、あなたのぞいてたの？　変態、何考えてるの？」

「あっ、す、すみません……」

すぐに謝ったものの、彼女はあきれて黙ってしまいました。

私は恥ずかしさで一刻も早くこの場から逃《のが》れたい気分でした。よりによって狭い車内に二人きりという最悪の状況です。

しばらく気まずい沈黙に耐えていると、ようやく彼女が口を開きました。

「どうなの、そろそろ治まった？」

その言葉を聞いて思わず私は「えっ？」と返しました。

「興奮してアレが硬くなってたんでしょう？　治まったのかって聞いてるのよ」

「はい、もうとっくに。すみませんでした」

私がもう一度頭を下げると、なぜか彼女はじっと私の顔を見つめています。

まだ怒っているのではとビクビクしていましたが、どうもいつもとは様子が違います。不機嫌そうに文句を言うこともなく、どこか淫らな表情が浮かんでいるようにも見えました。

「そろそろ会社に戻りましょうか」

「そうね。でもその前に、ちょっと寄っていくところがあるからとりあえず車を出して」

出発する直前に彼女がそう言ってきたので、私は言われるままに車を走らせました。

彼女の指示で行き着いたのは、なんとホテル街でした。その中から一軒のラブホテルを見つけた彼女は、そこへ入るように言いました。

「あの、ここは……？」

「いいから入って。あなた、ほんとうは私を抱きたくてたまらないんでしょう？」

私は一言もそんなことは口にしていません。それなのに彼女は、勝手にそう思い込んでいるようでした。

「いや、そんなことは……」

「なによ。じゃあ、私を抱きたくないって言うの？」

「そういうわけでは……ありませんけど」

そんなやり取りをしたあとに、私はおとなしく彼女の指示に従いました。車を降りてホテルへ入り、とうとう部屋までついてきてしまったのです。

「遠慮しなくてもいいのよ。ちょうど私もそんな気分だったし、一時間ぐらいなら戻りが遅くなっても平気でしょう」

まさかお堅い上司から、こんなお誘いを受けたことに私は驚きました。

もしかすると夫婦生活がうまくいっていないためセックスができず、欲求不満が溜まっていたのかもしれません。

ともかく、こうなってしまったからには、私も覚悟を決めるしかありません。相手は上司とはいえ美人には変わりないし、こんな機会は二度とないでしょう。

まずは汗まみれの体をシャワーで洗い流すと思いきや、なんと彼女は服を脱いでそのまま私に迫ってきたのです。

「しばらくご無沙汰だったから、ちょっと激しいかもしれないわよ」

裸になった彼女は、淫らに笑いながらベッドに私を押し倒しました。

やせ型なのに意外と胸が大きくて、三十代の半ばにしてはなかなかのスタイルです。乳首の大きさと色の濃さが、人妻であることを感じさせました。

なによりもこんなかたちで彼女の裸を拝めてしまったことに、私は興奮していました。

それ以上に彼女のほうが欲情していたのか、さっそく私におおいかぶさって唇を求めてきたのです。

いつも嫌味ばかり言っている彼女が、このときばかりは女の顔をしていました。私の顔を両手で挟みつけると、そのまま唇の中へ舌をねじ込んできます。いきなり激しいディープキスがはじまりました。

ねっとりとした舌の感触を味わいながら、頭がクラクラするような気分に私はなっていました。

下から受け止めている彼女の体からは、むわっと濃厚な汗のにおいがしました。けっしていやなにおいではなく、フェロモンたっぷりの甘い香りです。

私も彼女の胸に手を伸ばしてみました。やわらかく張りのある感触が手のひらに伝わってきます。

そうして汗ばんだ肌をさわっていると、彼女も興奮してグイグイと体を押しつけてきました。

暑苦しいのは苦手だとさんざん言っていたのに、まったくそんな素振りは見せません。逆にこっちのほうが密着してくる彼女にうろたえてしまったほどです。

「あなたも脱いで、早く」

待ちきれないという口ぶりで、彼女が私を急《せ》かしてきました。

私も服を脱ぎ捨ててしまうと、食い入るように見つめていた彼女が、さらに目を輝かせていました。

「やだ、こんなに大きくして。ずっとこうだったの?」

勃起したペニスを目《ま》の当たりにした彼女は、車の中とは別人のような態度でした。にこやかに手を差し出してまさぐりはじめたのです。

彼女にしてみれば、十歳も年下の部下が自分に欲情していたことが、ほんとうはうれしくて仕方なかったのでしょう。

それればかりか、彼女は顔を近づけてくると、おもむろにペニスをすっぽりと咥えてしまったのです。

もちろん洗っていませんし、私の体も汗まみれです。そんな清潔とはいえないペニスでも、彼女はおいしそうに呑み込んで舌を走らせてきました。

「ううっ」

ぬめりとした舌に絡みつかれ、私は思わず声を出してしまいました。

ほぼ根元まで口の中に収められ、そのうえしっかりと腰に両手をあてられています。これでは咥えられたまま身動きもできません。

彼女はよほど男に飢えていたのか、フェラチオにも熱が入っていました。口の中では激しく舌が動き回っています。ペニスを舐めながら唇も上下に動かしてくるため、とてつもない快感が広がってきました。

「ああ……気持ちいいです」

私の声に彼女は反応し、ますます吸い込む力が強くなってきました。

ついさっきまで二人で仕事をしていたのに、こんなことをしてもらっているのがいまだに信じられません。ふだんネチネチと嫌味ばかり言われていることも忘れてしまいそうです。

ただあまり快感にひたっていると、うっかりこのまま発射してしまいそうです。

その前に私は、強引に彼女の口からペニスを引き抜きました。そしてお返しに、私も彼女の股間に顔を埋《うず》めてやりました。

素直にベッドの上で足を開いた彼女は、小さな声で「最近処理してないから、ごめんなさい」と言いました。

確かに股間には黒々とした剛毛が広がっています。旦那さんとご無沙汰だったので、まったく毛を手入れしていなかったのでしょう。

それを見られた彼女が、恥じらいを見せたことが、私には意外でした。そんな初々《ういうい》しい仕草にますますムラムラしてしまいました。

甘ずっぱく濃厚なにおいを放つ割れ目に、さっそく舌を走らせます。

「ああっ！」

それだけで彼女の腰がビクンと跳ね上がりました。

さらに舐めていると、体が小さく波打ちながら声も高くなってきます。

「あんっ、あっ、やだっ……気持ちいいっ」

鼻にかかった、とても色っぽい喘ぎ声です。

彼女がベッドではこんな声を出すなんて想像すらしていませんでした。これほどの反応を見せられると、こちらも舌に力が入ってしまいます。

よく見れば割れ目の奥には、ぽっかりと開いた穴がヒクヒクと動いていました。そこはすでに入り口まで濡れているようです。確かめるために指を入れてみると、中はとても熱く湿っていました。

「んっ、指……もっと奥に……あっ、そこっ」

呑み込んだ指の動きに合わせ、彼女は途切れがちに喘ぎつづけます。シーツをつかみ、切なげに顔をゆがませていました。

こうなればもっと感じる姿を見てやろうと、舌と指を使ってさらに責め立ててやりました。

相手は経験豊富な人妻です。おまけに私のことを平気でこき使う、身勝手な上司でもあります。

ならばちょっとぐらい乱暴にしても平気だろうと、強めに指を突き立ててやると、ますます派手に喘ぎはじめました。

「いいっ、もっとそれしてぇっ」

身悶《みもだ》えをしながら股間をびしょ濡れにした彼女は、いよいよ我慢できなくなったようです。まだ指を動かしている私に向かって、切羽《せっぱ》詰まった声で「早く抱いてっ」とせがんできました。

まだ準備もできていなかったので、私はあわててコンドームを用意しなければと思いました。

ところが彼女は、それさえも待ちきれなかったようです。私の腕をつかむと強引に寝かせ、そのまま腰に跨《またが》ってきたのです。

「待ってください、まだ何も着けてませんよ」

「いいから、私に任せて」

そう言うと、おもむろに腰を落としてペニスを呑み込んでしまいました。

生で挿入した彼女の膣は、濡れっぷりも締まりも最高の具合でした。

あまりの気持ちよさに、思わず彼女の腰をグイッと抱き寄せてしまったくらいです。

「ああっ！」

その動きで、膣の奥を突かれて感じてしまったのでしょう。彼女は私の体の上で喘ぎながらのけぞりました。

奥まで深くつながってしまうと、ますます彼女は強く腰を落として体重をかけてきます。これではそう簡単にペニスを抜けそうにありません。

「何もつけてないなんて言って、あなたもけっこうやる気じゃない」

彼女は私の体に跨ったまま、妖《あや》しく微笑みかけてきました。

もう私が何を言ったところで、彼女はけっして離してはくれないでしょう。

こうなれば仕方ありません。せめて彼女が満足してくれるまで最後まで耐えて、中に出さないようにするだけです。

さっそく彼女はいやらしくうねるように腰を使いはじめました。それほど激しいと言っていたわりには、お尻が軽く上下に揺れる程度なので、追い込まれる感じでもありません。

なので私は、安心して彼女とのセックスを楽しむことにしました。

全裸で騎乗位になっている姿を見上げていると、仕事でもこれぐらい私に尽くしてくれたらどんなに気が楽か、などとついつい思ってしまいます。

「ああ……久しぶりだから、体が忘れちゃってたみたい。これから思いきり動いてあげるから」

そう言うと彼女は、いきなり本気を出してきました。それまでとは違い、お尻の上下運動が激しくなってきたのです。

「あっ、待ってください。そんなに動かれたら」

私の声など耳には入っていないようでした。力をゆるめるどころか、ますます勢いをつけて腰を落としてきます。

繰り返しペニスが呑み込まれるにつれ、私は歯を食いしばらなくてはなりませんでした。快感が次から次に押し寄せてきて、我慢しようにも自分ではコントロールできなくなってきたからです。

もっとも彼女は、私が限界に近いことなどとっくにお見通しのようでした。

「そろそろ我慢できなくなってきたんでしょう?」

「は、はいっ」

そう返事をしたのでようやく抜いてくれるかと思いきや、まったく動きを止めようとはしないのです。

「いいのよ、そのままイッて。特別に中に出させてあげる」

私はそれを聞いて、もう耐えられなくなりました。

ぬかるんだ膣がペニスを締めつけてきます。限界を迎えた瞬間に、私も思いきり腰を突き上げてやりました。

頭の中が真っ白になるような気持ちよさに包まれながら、ドクドクと精液を放ってしまいました。

「ああっ!」

射精している最中は、天井を見上げながらため息を出すことしかできませんでした。

快感が収まるまで、彼女はしっかりと腰を落としたまま、私を見おろしています。どうだと言わんばかりに、勝ち誇った表情を浮かべていました。

「よかったわね。私とこんなことができて、満足でしょう？」

「はい……」

すっかり気が抜けてしまっていた私は、ぼーっとした頭で返事をしました。

ところが彼女はなかなか私の体から離れようとはしません。つながったままの姿勢で、私の興奮を促すようにキスを求めてきたのです。

おかげで射精したばかりのペニスが、再び勃起してきました。

「あら、また元気になったじゃない」

彼女はさらに強く私の体を抱き締めてきます。

「えっ、またするんですか？」

「あたりまえじゃない。こっちはちっとも満足してないんだから。もう少しがんばって、私を楽しませてね」

どうやら自分が満足するまでは、私を解放するつもりはなさそうでした。

結局、このあとも私はたっぷりとしぼり取られるはめになってしまったのです。そのため一時間の休憩のはずが、延長料金まで払うことになってしまいました。

それからというもの、彼女は何かと理由をつけて頻繁に私を呼び出し、体の関係を迫ってくるようになったのです。

私は仕事上の部下であるだけでなく、欲求不満の解消相手にもなってしまいました。ベッドの上では淫らな顔を隠すこともなく、いつも激しく私を求めてきます。

そのおかげか、仕事では多少優しく扱われるようになりましたが、彼女の性欲を満足させるのは仕事よりもたいへんなのです。

ご近所の家族とキャンプに行った熟主婦
夫の目を盗んで開放的な青姦絶頂不倫！

高山未華子　主婦・三十四歳

私は夫と小学一年生になる息子との三人家族です。

そんな私たちが現在暮らしている家がある住宅地は五年ほど前に造成された場所なので、そこの住人はみんな同時期に家を買って引っ越してきてるんです。

だから世帯主はだいたい同じぐらいの年齢の人が多く、当然のことながら子どもも同じ幼稚園や小学校に通っていたりして、交流が活発です。だから以前から、お誕生日会とかクリスマス会とか、よくいっしょにイベントをしていました。

その一環で、今年の夏は五つの家族で共同企画し、二十人ほどの大所帯《おおじょたい》でキャンプに行ったんです。

それぞれみんな自分の家の車に乗って少し離れた山奥まで行き、キャンプ場に着くとまずテントを張って寝床を確保してから、持っていった食材を使ってバーベキューを始めました。

自然のなかで食べるとお肉も野菜も全部おいしく感じられて、私はすごく幸せな気分でした。でも、ほんとうに幸せを感じていた理由はほかにあったんです。

実はいっしょにキャンプに行っていた人のなかに好きな男性がいたんです。といっても、ただ一方的にあこがれていただけですけど。

その人の名前は八木淳二《やぎじゅんじ》さん、三十六歳。私の夫と同い年です。

八木さんは大学時代はボート部で活躍したというだけあって体格もよくて、すごく素敵なんです。ぶよぶよの中年太りの夫とはまったく違います。比べるのもおこがましいって感じなんです。

奥さんと二人の息子さんの四人家族で、奥さんも学生時代はミスコンに出たことがあるというぐらいの美人で、私が入り込むすき間なんてまったくないんです。

だけど、わき上がる八木さんへの思いを抑えることはできません。

というのも、夫とはもう男と女というよりも息子の父親と母親といった感じなので恋愛感情はすっかりなくなり、当然のことながら私たち夫婦は何年もセックスレスなのです。

夫は風俗とかに行って性欲を満たしてきているのかもしれませんが、女の私にはそういった機会はありません。だからというわけでもないのですが、いつも八木さんのことを思いながらオナニーをしていたんです。

もちろん、八木さんとつきあうとか不倫するなんて、考えたこともありませんでした。ただ、こうやっていっしょにお肉を焼いて食べたりビールを飲んだりできるだけで幸せだったんです。

そして、彼の表情やにおいを覚えておいて、後日オナニーのおかずにしようと思っていたのでした。

「未華子《みかこ》さん、このお肉、もう焼けてますよ」

私がどんな卑猥なことを考えているのかも知らず、八木さんはお肉を紙皿にとってくれました。

「ありがとうございます。八木さんって女性に優しくて、ほんとに紳士ですよね」

「いや。そんなことはないですよ。女性なら誰にでも優しくするってわけじゃないですから」

「え？　それって……」

私は自分の顔が赤くなっているのがわかりました。冗談を言われただけだと思っても、やはりうれしくてたまらないんです。

ふと見ると、夫は少し離れたところでよその奥さんと話し込んで鼻の下を伸ばしています。そして、子どもたちはもうお腹がいっぱいになったのか、みんなで走り回って遊んでいて手がかからないんです。

これなら少々酔っ払っても問題ないだろうと、私はグイグイとビールを飲みつづけました。

「未華子さん、大丈夫ですか？　ちょっと飲みすぎじゃないですか？」

八木さんが心配そうにたずねるので、私は酔っ払った勢いで、つい甘えるように言ってしまいました。

「だって八木さんが思わせぶりなことを言うから悪いんですよ。こっちはさびしい主婦なんですから、その気になっちゃうじゃないですか。でも本気で私みたいな普通のおばさんを女として見てくれるなんてことはありえないから、八木さんへの思いはお酒を飲んでごまかすしかないんです」

八木さんは驚きの表情を浮かべています。

未華子さんはおばさんなんかじゃない。すごくかわいいよ。と言ってもらえることを期待していたのですが、そんなにうまくいくわけがありません。

後悔と恥ずかしさに、私はいたたまれない気持ちになりました。

このままここにいたらもっと変なことを言ってしまいそうに思えたので、私はその場から離れることにしました。

立ち上がってふらふらと歩きはじめた私に、八木さんが声をかけました。

「未華子さん、どこへ行くんですか?」

「確かに飲みすぎちゃったみたいなんで、酔い覚ましにちょっと散歩してきます。川沿いに行けば道に迷うこともないでしょうから」

私はその言葉どおり、川沿いに上流のほうに向かって歩きはじめました。

酔っ払いの目には日差しが強すぎて、川面《かわも》がキラキラとまぶしいんです。日焼けしてしまいそうでしたが、自暴自棄になっていた私はそんなことは気にせずにどんどん歩いていきました。

そうやって十数分ほど歩いたころでしょうか、動いたことでよけいに酔いが回ったようで、私は足を踏みはずして川に落ちてしまったんです。

私は泳げないので、水の中で暴れながら死を覚悟しました。そのとき、八木さんが川に飛び込んで助けてくれたんです。

「大丈夫ですか？　気をつけないと危ないですよ」

そう言って八木さんに抱き起こされると、川の水は私の膝ぐらいまでしかないんです。

あわてふためいていた自分が恥ずかしくて、私はごまかすようにたずねました。

「どうして八木さんがここにいるんですか？」

「未華子さんが一人でふらふら歩いていくから、心配で後を追ってきたんです。でも、なかなか声をかけるタイミングがつかめなくて……」

八木さんは恥ずかしそうに顔をそむけました。そのとき私は川の水で濡れたせいでシャツが張りつき、ブラが透けてしまっていることに気がつきました。

そして、彼もびしょ濡れになって白いハーフパンツが体に張りついているのですが、その股間に浮き出るペニスは明らかに勃起しているんです。

勘違いではない。八木さんは私に好意を持ってくれている。少なくとも私に欲情してくれている。と確信した私は、思いきった行動に出ました。

「私、八木さんのことが好きなんです！」

そう言って八木さんに抱きついてキスをしたんです。

彼は抵抗はしないものの、自分から積極的にキスをしてくるということもありません。やっぱりダメなのか……と落胆した私が唇を離すと、八木さんは申しわけなさそうに言いました。

「俺も未華子さんのことが好きです。だけど、俺たちは二人とも結婚してるから……」

彼が必死に性欲と戦っているのが伝わってきます。

だけど私はこのチャンスを逃したら、もう二度と気持ちをぶつける機会はないと思い、さらに大胆な行動に出ちゃったんです。

「こんな自然の中で、結婚とかいう意味のないルールに縛られてるなんてバカらしいと思いませんか？　とりあえずこの服が乾くまでの間だけでも、いっしょに野生に戻りましょうよ」

そう言って私は濡れた服を全部脱いで、すぐ近くの木の枝にかけました。私はEカップで、オッパイの形だけは自信があるんです。彼の奥さんにも負けないはずです。

夏の強烈な日差しの下でそんなものを見せられて、八木さんももう理性は捨てることにしてくれたようでした。

「未華子さん……すごい……なんていやらしい体なんだろう。ああ、わかりました。俺も野生に戻ります」

そう言って八木さんも濡れた服をすべて脱いで全裸になりました。すると彼の股間には、赤銅色をした勃起ペニスが逞《たくま》しくそそり立っているんです。

夫とはずっとセックスレスだったのでペニスを見るのは久しぶりでしたが、昔見た夫のペニスよりもふた回りぐらい大きいんです。

「……すごいわ」

「いや、お恥ずかしい。うちの妻は細すぎて、裸になっても全然エロくないんです。それに比べて未華子さんの体はグラマーでたまらないですよ」

そう言う彼のペニスは、勃起しすぎて細かく震えているんです。

「あああん、なんていやらしいの！　もう我慢できないわ」

私は彼の前に跪《ひざまず》き、ペニスの裏筋を根元から先端にかけてぺろぺろと舐めてあげました。

「あぁっ……ううっ……未華子さん……あうぅう……」

カリクビのあたりをくすぐるように舐めると、八木さんは体をくねらせながら、苦しげな声を洩らすんです。

そうしているうちに、ペニスの先端に透明な液体がにじみ出てきました。

「あぁん、我慢汁が出てきたわ」

「未華子さん、じらさないでくださいよ。もう、俺……」

その言葉を最後まで聞く前に、私は亀頭をパクッと口に咥えていました。

「あうう……」

八木さんは両拳を握り締めました。腕の筋肉が盛り上がるのと連動しているかのように、口の中でペニスがさらに硬くなります。

それを頬裏の粘膜でねっとりと締めつけながら、私は首を前後に動かしました。

久しぶりにしゃぶるペニスはなんとも言えない美味で、口の中に唾液が次々溢れてくるんです。それをじゅるじゅるとすすりながらフェラを続けていると、彼が切羽詰まったような声で言いました。

「未華子さん、俺にも……俺にも舐めさせてください。俺も未華子さんを気持ちよくしてあげたいんです」

「はぁぁあん……八木さん、うれしいわ」

私はペニスを口から出し、周囲を見回しました。だけど、全裸で草の上に寝転ぶとかぶれてしまいそうです。

私がなにを考えているのか理解した彼が、河原を指さして言いました。

「そこで大丈夫ですよ。川の石は全部丸くなってるし」

私たちは河原へ降りていき、八木さんは濡れた石の上にあおむけになりました。

「痛くないですか?」

「ええ、大丈夫です。それにこの石、ほんのり温かくて気持ちいいですよ。さあ、未華子さんの感じる場所を舐めさせてください」

八木さんは舌を長く伸ばして、それをくねくねと動かすんです。

「ああ、いや……恥ずかしいです。こんな明るい場所でこんなこと……」

と言いながらも、まだかなり酔っ払っている状態だった私は、恥ずかしさよりも性欲が勝っていて、自分から彼の顔を跨《また》ぎ、そのままゆっくりとしゃがみ込んでいったんです。

「ああ、すげえ……未華子さんのオマ〇コが迫ってきますよ。ほら、もうちょっと下まで」

鼻息を荒くしながら、さらに舌を長く伸ばします。

「あああん、その動き、いやらしすぎるわ」

そう言いながらも、私は彼の舌にクリトリスが当たるように位置を調節して、ゆっくりと腰をおろしていきました。そして、ぬるんと彼の舌がクリトリスの上をすべり抜けると、強烈な快感が私を襲いました。

「あっはあああああん!」

それでも私は、和式トイレで用を足すときのような姿勢をとりつづけました。ずっとあこがれていた八木さんがよろこんでくれているのがうれしくてたまらないんです。

そんな私のお尻を両手でつかみ、彼は割れ目とクリトリスをべろべろと舐め回すんです。

「ああん、ダメ、気持ちよすぎるぅ……あああん……」

足腰に力が入らなくなった私は、そのまま八木さんの上に倒れ込み、シックスナインの体勢でペニスを口に咥えました。

「ううっ……未華子さん……んんん……」

八木さんがクンニの勢いを激しくしました。それに負けじと私もペニスをジュパジュパしゃぶり……。

でも、先に音《ね》を上げたのは私でした。

「ああーん、んん……もう……もうダメです……あああん、もう……もうイキそうです。はああん！」

ビクンと腰をふるわせ、私は彼の上からずり落ちました。

「未華子さん、太陽の下でイクのはどんな感じですか？」

顔を私のマン汁まみれにした八木さんがたずねました。

「なんだか最高の気分です。はあぁ……キャンプに来てよかったです」

私は熱い石の上でぐったりと手足を伸ばしたまま答えました。

「やっぱり日光って気持ちいいですよね。それなら、こういうのはどうですか？」

野生に戻った……というか、男の性欲に正直になろうと決めた八木さんは、私をマングリ返しの体勢にするんです。

「おお……すごい。太陽に照らされて、オマ○コの奥までまる見えですよ」

それは嘘ではないようです。というのも、割れ目の奥が日差しの暖かさを感じるんです。下手をしたら日焼けしてしまいそうなほど、ジリジリと照りつけているのでした。

しかも、その様子を見られていると思うとむちゃくちゃ恥ずかしくて、同時にもう頭の中が真っ白になるぐらい興奮しちゃうんです。

「ああん、いや……恥ずかしすぎます。はあああん……」

私が足をバタバタさせると、八木さんは太腿を抱えるように腕を回し、そのまま私の股間に顔を埋めてきました。

そして穴の中まで舌をねじ込んでくるんです。

「はあっ……ダメ……あああん……あああああん……」

明るい太陽の下、自然の中で、マングリ返し状態でアソコの中を舐め回されている……。その非日常的な状況に、私はもうわけがわからなくなるぐらい興奮して、何度も立て続けにイキまくってしまいました。

そして、気がつくと、アソコからオシッコが噴き出していたんです。

「うぉっ……す……すごい！」

八木さんが顔にオシッコの直撃を受けて、驚いて体をのけぞらせました。でも、私の体をマングリ返し状態で抱えたままなので、私は空に向けて放尿を続けてしまうのでした。

「虹ですよ。ほら、未華子さん、オシッコで虹が出来ちゃってますよ」

「あああん、いやぁぁん……」

うれしそうに言う彼の声を聞きながら、私は膀胱が空っぽになるまで放尿を続けてしまいました。

「汚れちゃったわ」

ぐったりと河原に伸びた私が言うと、八木さんはなんでもないことのように答えました。

「川で洗えばいいんですよ」

そして私の手を引いて川に入っていくんです。水は冷たいのですが、日差しは強いし、それに興奮と恥ずかしさで体が熱くなっていた私には、すごく気持ちいいんです。

私たちは二人で水をかけ合ってオシッコを洗い流しました。それはまるで青春ドラマのワンシーンのようでした。だけどそこは熟れた体の人妻と中年の男なので、さわやかなだけでは終わりません。

「未華子さん、俺、もう……」

猛《たけ》り立つペニスを右手でつかみ、さらに力を充塡《じゅうてん》するように八木さんは数回しごいてみせました。すると亀頭が破裂しそうなほどパンパンになり、幹には太い血管が浮き出て、ゾクゾクするぐらいエロいんです。

「ああん、もうちょうだい。はああん」

「未華子さん……」

私たちは水から出て再び河原に戻り、きつく抱き合いました。そして、八木さんが膝を曲げて高さを調節し、正面からペニスを挿入してきたんです。

「はっあああん……」

もうヌルヌルになっていたので、大きなペニスが一気に奥まですべり込んできて、私は喘ぎ声を洩らしながら彼にきつくしがみつきました。

「ああっ……はああんっ……いい……気持ちいいぃ……あっはああん……」

「おおお……未華子さん……んんん……」

私の首筋を舐め回し、手で乳房を乱暴にもみしだきながら、八木さんはペニスの先端で子宮口をグリグリと刺激します。

「ああ、ダメ……気持ちよすぎちゃう……はあああん……」

「俺も……俺も気持ちいいです。ああ、こんなセックス初めてです」

今度は腰を前後に激しく動かしはじめました。私は弾き飛ばされまいと、八木さんにしがみつきつづけました。だけどそのとき足下の石が崩れ、思わず踏ん張るとアソコがきゅーっと締まるのがわかりました。

すると、彼の鼻息がさらに荒くなり、私の耳元で苦しそうに言うんです。

「ああ、き……きつい……もう……もう出そうです」

だけど腰の動きをセーブすることはできないらしく、さらに激しく腰を振りつづけるんです。

「ああっ、ダメ。私もイク……イクイクイク……あああん！」

絶頂に昇りつめた瞬間、私は体の力が抜けてしまいました。くずおれるようにその場にしゃがみ込むと、ずるんと抜け出たペニスがちょうど顔の高さに来ました。

「未華子さん、咥えて！」

「はっ、うぐぐ……」

言われるまま愛液まみれのペニスを咥えた瞬間、ドピュンと生ぐさい液体が口の中に迸《ほとばし》りました。さらにドピュンドピュンと数回断続的に射精を繰り返してから、八木さんは満足げに息を吐いてペニスを引き抜きました。

そして私は、口の中に溜まった大量の精液を、一滴残らず飲み干してあげたのでした。

私たちがすっかり満足したときには、木にかけておいた服はもう乾いていました。だけど、パンティだけが見当たらないんです。どうやら風で飛ばされてしまったようでした。

仕方なくノーパンでバーベキューのところまで戻ると、まだみんなお酒を飲んで騒いでいて、一気に日常に戻ってしまいました。でも、アソコの中にはまだ八木さんのペニスが入っているような感覚があり、なんだか不思議な気分でした。

そのとき、川遊びをしていた子どもたちが大騒ぎしはじめたんです。

何事かと思って見にいくと、私の息子が女性用のパンティが先端に引っかかった棒を振り回して叫んでいるんです。

「パンツが流れてきた！　パンツが流れてきた！」

それは私のパンティでした。上流で八木さんとセックスしている間、木の枝に干してあったのが風に飛ばされ、それがここまで流れてきたのでした。

とっさに夫のほうを横目で見ましたが、それが私のパンティだとは気づいていないようでした。それもそのはず、私と夫はもうずっとセックスレスだったのですから。

八木さんとの不倫セックスがバレなくてホッとしました。

八木さんとはそれっきりです。お互いに家庭が大事ですから。でもまた来年、キャンプに行くことがあれば、そのときはまた誘ってみようと思っているんです。

沖縄で若い男たちにナンパされた美熟女
激しすぎる3Pで禁断の牝堕ちアクメ！

波多野美優　会社員・三十七歳

私の趣味は旅行で、毎年海外旅行や国内旅行にいそいそと出かけていました。

四年前の夏、結婚が決まったあと、友人と三泊四日の沖縄旅行に赴《おもむ》いたときの出来事です。

海岸近くでサマーフェスティバルが催《もよお》され、楽しみにしていたところ、友人が腹痛を起こしてダウンしてしまいました。

「悪いけど、一人で行ってきて」

と言われ、私は「すぐに帰ってくるからね」と断ってビーチに向かいました。

花火会場では夕日をバックにサンセットコンサートが催されていたのですが、一人だと楽しみも半減。花火だけ見て帰ろうかと思った直後、二人組の青年に声をかけられました。

年のころなら、二十代半ばといったところでしょうか。

「よかったら、いっしょに飲まない？」

「うーん、でも、私一人だし、盛り上がらないんじゃない？」

ふだんの私ならはっきり断っていたのですが、ケンスケと名乗った男性は陽に焼けた体が逞しく、もろストライクゾーンど真ん中のタイプでした。

もう一人のショウタという男はずんぐりむっくりしており、どうせなら消えてくれないかなと願ってしまったほどです。

結局、こんなことも最後だと考え、私はほぼ即答で了承してしまったんです。

学生じゃあるまいし、いまとなってはとても浅はかだったと思います。

彼らの宿泊するホテルのバーに行き、最初は楽しくお酒を飲んでいたのですが、いつもより酔いの回りが早くて泥酔状態になりました。

もしかすると席をはずした際、グラスにクスリを混入されたのかもしれません。

よくよく考えてみれば、ナンパするつもりなら二人組の女性を狙うはずで、最初からよからぬ計画を立てて声をかけてきたとしか思えませんでした。

どれぐらいの時間がたったのか。

意識がはっきりしだすと、私はいつの間にか全裸にされ、ベッドに寝かされていました。

「あ、うぅン」

起き上がろうとしたものの、手足がまったく動かず、朦朧《もうろう》とした頭では自分がどんな状況に置かれているのかさえ認識できませんでした。

「おっ、起きたみたいだぜ」

「あ、あ……」

「すぐに気持ちよくしてやるからな」

なんと、ずんぐりむっくりの男が全裸の状態でほくそ笑んでいるではありませんか。彼はにやりと笑うと、股のつけ根に顔を埋めてきました。

「い、いやっ」

拒絶の言葉を放ち、足を閉じようとしたのですが、体はやはり動かず、私はこのとき初めて手足が拘束されていることに気づいたんです。

手首と足首を縛りつけた四本の赤いロープは、ベッドのそれぞれの脚にくくられているようでした。

「あ、くうっ」

やがてピチャピチャ、くちゅくちゅといやらしい音が響き渡り、私は目を堅く閉じて悪夢が過ぎ去るのを待つしかありませんでした。

「ふっ、俺のも気持ちよくさせてもらうかな」

声のするほうに目を向けると、ケンスケがシャツを脱ぎ、ハーフパンツを下着もろとも脱ぎおろす光景が視界に入りました。

いったい、何をされるのか。

恐怖に身を凍らせた瞬間、ペニスが反動をつけて跳ね上がり、パンパンにふくらんだ亀頭が天をにらみつけました。彼はすぐさま私の体に跨り、ギンギンのペニスを口元に突きつけてきたんです。

「そのかわいい口で、たっぷりしゃぶってくれよ」

間近で目にすると、男のペニスはやたら長く、コーラ瓶のように極太でした。冗談ではなく、婚約者の倍近くはあったのではないかと思います。

こんなモノ、口に入るわけがない……。

「や、やめて」

恐怖に身を縮ませながら懇願したものの、彼は不敵な笑みを浮かべたまま腰を突き出しました。

シャワーは浴びていなかったのでしょう。すえたにおいがぷんとただよい、小鼻をふくらますも、ケダモノに人間らしい気持ちなどあろうはずがありません。

懸命に口を閉じていたのですが、唇にペニスを押しつけられたときは目尻に涙がにじみました。

自業自得とはいえ、こんな非人間的な行為を強要されるとは……。

これまで私の周囲にいた男性は紳士的な人ばかりで、十分な気をつかってくれましたし、こちらの意思も尊重してくれました。

もちろん、乱暴な扱いをされたことは一度もありません。

婚約者の彼も優しい性格で、チヤホヤされることがあたりまえのように思っていた私が悪かったのでしょうか。

だとしても、彼らの所業は許すことができず、最後まで抵抗するつもりだったのですが、あのときの私はあまりにも無力でした。

「む、むふっ」

口を無理やりこじ開けられ、ペニスが侵入してくると、汗くさいにおいに吐き気を催しました。

「歯なんか立てたら、承知しねえからな……むっ、ぬっくりしてて、気持ちいい。唾をたっぷりまぶして、舌を使うんだ」

誰が、お前の言うことなんて聞くものか。

心の中で悪態をつき、顔を横に振ろうとしたのですが、太い指が顎に食い込み、強引に真正面を向かされました。

そしてあろうことか、そのまま腰を前後にスライドさせはじめたんです。

「ふふっ、素直になれないなら、イラマチオで気持ちよくさせてもらうからな」

「ぶ、ぶっ」

息が詰まり、口の端から大量のよだれが滴《したた》り落ちました。

身を左右に振って逃れようとしたものの、男はしゃにむに腰をしゃくり、ペニスの切っ先が喉をガンガンつつきました。

あのときはあまりの苦しさに、窒息死してしまうのではないかと思ったほどです。涙がぽろぽろこぼれても、ケダモノは暴力的な行為をやめようとはしませんでした。

「うぅうっ！　ぶぷぷぷぷっ！」

「おお、ぬるぬるの唾液がチ〇ポに絡みついて、最高だぜ」

ようやくペニスが口から抜き取られ、ぜぇぜぇと喘ぐなか、酸欠のせいか、目の前がボーッと霞《かす》んでいました。

「おい、お前、いつまで舐めてんだよ」

「しょうがねーだろ、こんないい女とするの、初めてなんだから」

「俺に感謝しろよ。お前じゃ、鼻も引っかけてもらえなかっただろうよ」

「わ、わかってるよ……でもよ、この女のおマ〇コ、すごいきれいだぜ。色素沈着は全然ないし、ピンク色なんだよ」

「ほう、どれどれ」

強制奉仕の苦しみからは解放されましたが、今度はとてつもない羞恥《しゅうち》地獄が待ち受けていました。

「おおっ、ホントだ！　十代の女の子みたいじゃねえか。それにしても……絶景だな」

「だろ？　おマ〇コの毛、全部剃《そ》り落としたの正解だったな」

「この変態め」

二人の会話を聞いて、身の毛がよだちました。あわてて下腹部に視線を落とすと、確かにあそこがツルツルの状態だったんです。

恥ずかしいやら悔しいやら、怒りの感情も込み上げ、身が裂かれそうな思いでした。

とにかく、この状況から一刻も早く逃れたい。その一心から、私は泣き声で訴えました。

「や、やめてください。私、結婚を控えてるんです」

「へえ、いつ？」

「二カ月後です。だから……」

「なるほど、それじゃ、彼氏さんのためにもていねいに扱ってやらんとな」

ケンスケはベッドの下に手を伸ばし、ゴソゴソと何かを探っているようでした。

真っ赤な棒状の物体を目にしたときは、どれほどショッキングだったか。

ペニスの形を模したグッズは、まぎれもなくバイブレータでした。

アダルトグッズを手にしたことは一度もありませんが、この年になれば、どんな使い方をするかぐらいはわかります。

「ほれ、お前はこっちを使え」

太った男に手渡されたものは先端が台形の形をしており、誰もが知っているであろうポピュラーな携帯用の電動マッサージ器でした。

そんなものを、どうしようというのか。

たじろいでいると、ケンスケはバイブの切っ先を舌で舐め回し、膣の入り口に押し当てました。

「い、いやっ!」

「ほれ、足の力を抜いて……いつまでも駄々をこねてると、永遠に終わらんぞ」

「あ、ああっ!」

唾液の潤滑油が侵入を容易にしたのか、先端が膣内にズブズブと埋め込まれ、横の出っ張りが膣壁を強烈にこすり上げました。

「ひっ、くっ」

「ほうら、根元まで全部入っちまった。バイブの機能は知ってるよな？　このスイッチを押すと……」

「ひぃうっ！」

モーター音が響くと同時に張形《はりかた》がうねうねとくねり、膣肉を引っかき回しました。

初めて経験したグッズは巨大な快感を吹き込みましたが、もちろん顔に出すわけにはいきません。私は身をよじりつつ、甲高い声で拒絶しました。

「やめて、止めて！」

「ほう、これでは物足りないと？　ほんじゃ、バイブレーションの強度を最大に上げてみるか」

「く、はぁあぁあっ！」

ケンスケがまたもやスイッチを押すと、強烈な振動が股間から脳天を突き抜け、私はヒップを浮かせて身をのけぞらせました。

「や、や、やぁあぁあっ」

「おおっ、色っぽい顔して。頬も赤らんできたぞ」

頭を起こし、首を左右に振って拒否したものの、彼らの目には悩ましく見えたようです。

「おい、ボケッとしてないで、お前も責めてやれ」

「あ、ああ」

デブ男がマッサージ器の電源を入れ、股の間に近づけると、戦慄《せんりつ》に全身がぶるぶると震えました。

このあと、自分の身に何が起きるのか。

背筋に冷や汗が流れた瞬間、器具の先端がクリトリスに押し当てられ、凄《すさ》まじい快感が身を貫きました。

「あ、ひぃいぃいぃっ!」

頭の中がスパークし、私は知らずしらずのうちにヒップを何度もバウンドさせました。

「いや、いや、いやぁあっ!」

「いや、じゃなくて、もっと、だろ?」

「あン、あン、あぁぁ」

「彼氏さんのと、どっちがいいかな?」

「や、やめ……く、ひぃぃいっ!」

ケンスケはニタニタと笑うと、腕をこれでもかと振り立て、バイブの抜き差しを繰り返しました。

二つのグッズで性感ポイントを執拗《しつよう》に刺激され、意識が飛ぶような快感を味わったのは初めてのことだったと思います。

私はアクメに達した経験が一度もなく、全身が舞い上がるような感覚には恐怖心さえ抱きました。

「あっ、やっ、くっ、ンっ、はぁあっ」

「おお、すげえ、潮を吹いたぞ!」

「やぁあっ!」

腹の出た男の言葉は理解できなかったのですが、確かに股のつけ根からビュッビュッと透明な液体が迸っているではありませんか。

この年になって洩らしてしまったという事実は大きな屈辱感を与えましたが、まともな感情はあっという間に快楽に塗り替えられていきました。

やがて全身がガクガクと震えだし、頭の中が真っ白になると、初めて迎えるエクスタシーに身を委《ゆだ》ねました。

「あ、くっ、くっ……イ……イクっ」

ヒップを跳ね躍《おど》らせたところで、彼らも絶頂に導いたと確信したのでしょう。電源のスイッチが切られ、バイブが引き抜かれても、私は天井をぼんやり見つめ、全身を小刻みにひくつかせていました。

「ああ、ケンスケ……俺、もう我慢できないよ」

「我慢しろ、お前は俺のあとだかんな」

「わ、わかってるよ」

手足の拘束がはずされても、腰が抜けてしまい、体を動かすことはできませんでした。

いや、あのときにはもう逃げ出す気は失せていたのかもしれません。

「すげえや、おマ〇コ、愛液でぐしょ濡れだぞ」

「ン、はあぁあっ」

ケンスケは膣の中に指を入れ、またもや激しいスライドで刺激を与えてきました。

潮とやらが絶え間なく噴き出し、子宮の奥が甘く疼くころ、おチ〇チンでもっと大きな快感を得たいという欲求に駆り立てられました。

でも、あんなひどいことをされて欲してしまうなんて、ほんとうに信じられません。でも、あのときの私は心の底からそう思ったんです。

「ほうら、起きて」

「あ、う、ンぅ」

ベッドの上に四つん這いにされたあと、ケンスケは股間に顔を埋め、あそこを犬のようにペロペロと舐め回しました。

「ビラビラがぱっくり開いて、とろとろの粘膜がうねってるよ。そんなにチ〇ポが欲しいんだ？」

「あ、あぁ」

切なげに唇を噛んだ瞬間、デブ男が視界をさえぎり、小さなペニスが目の前に突き出されました。

「俺のも、たっぷり舐めてくれよ」

皮をかぶった短小ペニスは生ぐさいにおいを発していましたが、私はなんと自らペニスを握りしめ、唇を押しつけていたんです。

「おおっ……皮は剝いてくれ」

「はっ、ふっ、ンっ」

指で包皮を剝きおろし、口に含んでしゃぶり回せば、頭上から歓喜の雄叫《おたけ》びが聞こえました。

「ああっ！　き、気持ちいい！　口の中、ぬくぬくしてて最高だよ」

「おい、すぐにイッちまうなよ」

「わかってるけど、こんなきれいな女におしゃぶりされるなんて、たまらねえよ。く、くううっ！」

指示されてもいないのに、私はペニスに指を往復させ、髪を振り乱しては唇と舌を使ってしごきました。

「おおっ、いよいよ盛《さか》りがついたか。それじゃ、こっちも……」

「ン、むふぅ」

猛烈な圧迫感が股間を襲い、私は苦痛に顔をしかめました。

ケンスケのペニスはカリ首のエラが大きく突き出ており、膣の入り口をくぐり抜けなかったんです。

「おお、けっこうきついぞ」

かすかな痛みを感じた直後、先端がとば口をようやく通過し、根元まで一気に埋め込まれました。

「ひっ、ぐっ」

「くううっ、こりゃ気持ちいい。マン肉がチ○ポに絡みついて、キュンキュン締めつけてくるぞ」

「ああ、俺も早く入れたいよ」

「もう少し我慢しろよ。すぐに終わらせるから」

ケンスケは低い声で言い放ち、腰のピストンを開始しました。

「む、ふぅぅぅっ！」

恥骨がヒップをバチン、バチーンと打ち鳴らし、亀頭冠が子宮口を打ちつけるたびに体が前後に激しく振られました。

あまりの快感に、こらえる間もなく快感の激流に押し流されてしまったんです。

気がつくと、私はデブ男のペニスを無我夢中でおしゃぶりしていました。

「ああ、すげえフェラだ……も、もうイッちまうよぉ」

二度目のエクスタシーの波に呑まれた瞬間、ペニスが口から抜き取られ、大量の精液が噴出し、鼻からひたいにかけて跳ね飛びました。

私もすぐさま性の頂《いただき》に昇りつめ、女の悦びにどっぷりひたるなか、精液にまみれたペニスに延々と舌を這わせていたんです。

ケンスケはヒップに精液をぶちまけ、そのあとはデブ男に二回も犯され、乱れに乱れてしまいました。

自分のホテルに戻ったとき、熟睡している友人を目にしたときはどれだけホッとしたことか。

もちろん婚約者には何も話せず、予定どおりに式を挙げました。

開放的な気分になってしまった自分をいまでも責めていますが、あのときの激しいセックスを思い出すと、あそこが疼いてしまうんです。

第二章

旅先で熱く燃え盛る男女の卑猥な肉体

素人告白スペシャル
真夏の絶頂不倫旅

海水浴場で欲情してしまう四十路妻……逞しい漁師の男臭い肉竿を貪り尽くして

平野純子　主婦・四十四歳

私は、結婚してもう十五年以上になる人妻です。

夫はいわゆるエリートで会社役員をしています。私は専業主婦という気楽な身分で何不自由ない暮らしをさせてもらっています。ひとり娘の真美《まみ》という子宝にも恵まれ、幸福な結婚生活を私にくれた夫には、感謝の気持ちしかありません。

でも実は私は、そんな夫を裏切ったことがあるのです。

あれはもう四年前の夏、最後に海水浴に行ったときのことです。

その夏は夫と真美と、家族三人で千葉県館山《たてやま》市の別荘地に行きました。思えば当時、私は四十路《よそじ》に差しかかったばかりという年齢でした。

海水浴の目的はもちろん、九歳になる娘の真美を海で遊ばせることでした。

でも私には心ひそかに、別の目的もあったのです。それは娘を産んで以来、すっかりセックスレスになってしまった夫をその気にさせるということでした。夫は色白のやせ型で、その見た目どおり若いころからセックスには淡白でした。仕事が激務だということもありますが、夜遅く帰ってきたときに私を抱いてくれることはまずありません。たまにセックスをしても、途中でもたなくなって、いわゆる中折れをしてしまうのです。私はそのたびに悲しい思いをしました。

誤解してほしくないのですが、これは単に欲求不満を訴えているだけではないのです。当時の私は、女としての自信を喪失する年齢に差しかかり、夫がその気にならないのは、私に女の魅力がなくなったからではないか、私はもう女として見られていないのではないかと、あせりのようなものを感じていたのです。

館山は夫の生まれた土地でもあったので、ここにある私たちの別荘の管理も、夫の遠縁にあたる男性がしてくれていました。

男性は梶原《かじわら》さんという名前で、年齢は私の少し下くらいです。

「こんにちは、奥さん、真美ちゃん、よろしくです」

私たちに元気よくあいさつしてくれた梶原さんは、体つきも逞しく、黒々と日焼けしていて、夫と血縁があるとは信じられないような、男らしい男性でした。話を聞くと、地元で漁師をしているということでした。

別荘と海は五分と離れていない場所にありました。真美はすぐに海水浴に行きたいと駄々をこねましたが、夫は「少し横になって休みたい」と弱音を吐きました。

「あ、じゃあ自分が真美ちゃんを海に連れていきますよ」

地元の漁師さんがついていてくれるなら安心だろうと、私たちは真美を梶原さんにあずけることにしました。梶原さんの申し出は、私にとって渡りに船でした。真美がいない間に、私は夫とセックスできるかもしれないと考えたのです。

寝室は別荘の二階にある和室でした。夫はそこに布団を敷いて、早々に横になっています。私は夫の背中側から寄り添うように、体を密着させました。

「あなた……」

私はすでに、ワンピースの下のブラをはずしていました。

その状態で胸を夫の体に押しつけたのです。私はこれでも、胸はEカップ以上あります。いまでは性欲が失われたような夫も、結婚当初は夢中になってむしゃぶりついてきたものです。その胸を、これでもかと夫に密着させたのです。

しかし夫は無反応のままです。

「ねえ、あなたってば……」

夫は向こうを向いたまま、面倒くさそうに声をあげました。

「昨日も旅行に間に合わせるために仕事が遅くなったから、疲れてるんだよ」

そう言って、すぐにいびきをかいて寝てしまったのです。

私は悲しくなりました。そして夫の横に寝転がったまま、ノーブラ状態の自分の胸に自分の手のひらをあてました。

乳首の先端が興奮してとがっているのが、自分でもわかりました。

「ん……ん……」

私はいつしか自分で乳首をつまんでいました。こんなに興奮しているのに夫に抱いてもらえない、愛撫してもらえない自分の体が、かわいそうになったのです。

「あ……はあ……」

私の喘ぎ声は、次第に大きくなってきました。しかし夫はほんとうに疲れているらしく目を覚ます気配もありません。

自分自身の胸を愛撫していた私の手は、少しずつ、体の下のほうに移動していきました。開いた太腿の間からパンティ越しにふれた性器は、濡れていました。

こんなに感じているのに、こんなに近くにいるのに、さわってもらえないなんて……私の悲しみが増すほどに、皮肉なことに体は敏感になっていくようでした。

気がつくと、私は寝ている夫の横で、完全にオナニーにふけっていました。

そして、そのとき私が頭の中に思い浮かべていたのは、ついさっき初めて会ったばかりの梶原さんだったのです。

思えば、夫も結婚する前につきあった男性もみな優等生タイプ、古い言葉で言えば「もやしっ子」ばかりです。梶原さんは、それとはまったく逆のタイプでした。

肌が黒くて、筋肉質で、あんな腕で組み伏せられたら、女の力ではどうすることもできないだろう。そう思うと、変な興奮が体の奥から押し寄せてくるのです。

無理やり、梶原さんにのしかかられて、強引に犯されたらどんな気分だろう……そう思いながら、私は自分の指先を性器の中に何度も出し入れしました。そうせずにはいられない気分だったのです。

「んっ……はんっ……！」

私は、梶原さんとのセックス……いえ、梶原さんにレイプされる自分を妄想して、絶頂に達してしまいました。寝ている夫の横で、イッてしまったのです。

夕方になって、海で遊んだ真美を梶原さんが送り届けてくれたとき、私は梶原さんの目をまともに見ることができませんでした。

翌日には、ようやく体力が回復した夫が真美をつれて先に海に行きました。私は二人が帰ってきたあとに食べるご飯の用意をするため、近場のスーパーに買い出しに行くことになり、梶原さんが車を出してくれたのです。

「ほんとうに、すみません、わざわざ……」

「いえいえ、自分の買い物もあるし、ついでですから」

昨日は梶原さんのことを考えながらオナニーをしてしまったので、少し後ろめたい気持ちもありましたが、梶原さんが(あたりまえのことですが)ふつうに接してくれるので助けられた思いでした。

重い荷物を車から家に運ぶのまで、すべて梶原さんがやってくれました。

「手伝ってもらってばかりで悪いわ。お茶でも飲んでいってください」

私はそう言って、梶原さんを引き留めました。

そしてスイカを切って冷たいお茶といっしょに持っていこうとしたのですが、

そのとき私は、ふと魔が差したような気持ちになってしまったのです。

私はお茶とスイカを持っていく前に、前の日に夫を誘惑しようとしたときのように、こっそりブラをはずしました。自分の胸を見おろすと、水色のワンピースには、くっきりと私の乳首の形が浮き出ていました。

この格好で出ていって、梶原さんが自分の胸に注目したら、私の女としての魅力も捨てたものではないんじゃないだろうか、そんなくだらない思いつきでした。

「お待ちどうさま」

そう言って私が現れると、ダイニングのテーブルの席に座っていた梶原さんは、私の胸に目を見開きました。そしてすぐに視線をそらしたのですが、そのあともちらちらと見てくるのがわかったのです。

これは私にとって、とてもうれしいことでした。夫と違って、梶原さんは私のことを女として見てくれている……その事実が素直にうれしかったのです。

その日は雲一つない、ギラギラと太陽が照りつける晴天で、気温の高さもかなりのものでした。梶原さんの肌も、私の肌も、しっとりと汗ばんでいます。私は、前の晩のオナニーの妄想の続きを見ているような、不思議な感覚になりました。

「梶原さん、わたしとキスしてみない？」

自分でもなんでそんな言葉を口走ったのか、いま考えてもよくわかりません。いわば、出来心のようなものでした。

自分自身に驚いて、あわてて弁解の言葉を探そうとしました。しかしそれよりも早く梶原さんは私のそばに近づいて、無言のまま、唇を奪ってしまったのです。

何もかも、あっという間の出来事でした。

梶原さんのキスは、イメージどおりでした。荒々しく、犯してくるような、情熱的なキスです。こざかしいテクニックなんて関係なく、私を求めに求めてくる、そんな獣のようなキスでした。

そしてそれこそが、私が欲しいものだったのです。

思えば、夫とのキスも久しくしていません。久しぶりに感じる男性の唇に、私は何もかも忘れてしまいそうでした。ようやく梶原さんが唇を離してくれたとき、全身の力がぐったりと抜けてしまいました。

「……奥さんが、言ったからですよ……」

梶原さんは低い声でそう言いました。先ほどまでとは雰囲気が違います。

「あっ、ん……」

梶原さんの手のひらが胸にふれ、ごつごつとした指の感触に私は悶えました。

梶原さんの手が、私のワンピースのすそをたくし上げ、パンティに手をかけてきました。下着の奥がとっくに濡れてしまっているのが、自分でもわかりました。

このまま、最後まで……。私はそう覚悟を決めて、目を閉じました。

まさにその瞬間に、夫と真美が帰ってくる声が玄関のほうから聞こえたのです。

私たちはあわてて互いの体を突き飛ばすように離れて、夫たちを出迎えました。

「お帰りなさい、早かったわねえ」

「お帰りなさい、海は楽しかったですか？」

私たちは平静を装って出迎えました。幸いにも、夫は私たちのいつもと違う様子に気づくことはありませんでした。

「じゃ、私はこれで」

梶原さんはそのまま、何事もなかったかのように車を出しました。

私はまだ心臓がどきどきしていましたが、なんとか夕飯の支度をしました。

夜になると、やはり夫は昼間の疲れが出たようで早々に眠ってしまいましたが、私のほうは目が冴えてしまって、まるで眠ることができませんでした。

あのまま夫と娘が帰ってこなかったら、私はきっと、梶原さんの手で着ているものを脱がされて、一線を超えて、最後までいっていたのだろうと思いました。

そして、そうならなかったことを、悔しいと思う自分がいたのです。

そして、明日は梶原さんが別荘まで来るだろうか、とそのことばかり考えていました。梶原さんはこの別荘の管理者ですから、理由をつけて来ることは可能です。でもそうしてくれるかどうかは、私にはわかりません。

私は自分の胸にふれました。昼間に感じた梶原さんの指先の感触が、残っているかのようでした。節くれだった指の感触。その指の感触を確かめるように、私は自分の指で自分の胸をもんでみました。

「う……」

声が洩れそうになりましたが、隣で寝ている夫に気づかれないように、下唇をかみしめました。熱帯夜ということもあって、体じゅうが熱くなってきます。

我慢できずに、私は反対の手を自分のパンティの中に忍び込ませました。

こんな年齢になって、毎晩、オナニーしてしまうなんて……。

なんとも言えない罪悪感を覚えましたが、その罪悪感が、さらに私の性器の感度を上げてしまったのです。指先でクリトリスにふれただけで、私は手で自分の口を押さえなければならないほど感じてしまいました。蜜の溢れた膣口は、私の指を吸い込んでしまうかのようでした。後から後から蜜が溢れて、パンティはすっかり濡れてぐしょぐしょになってしまいました。

こんなふうに梶原さんの指でされたら……いや、梶原さんはきっと、もっと乱暴に指を動かして、私のことを蹂躙《じゅうりん》するに違いない……。

そんな妄想にふけって、全身汗だくになりながら、私は家族が寝静まった真夜中に一人で果てたのです。

翌朝には夫よりも早く起きて、汚れた下着を洗わなければなりませんでした。

そして、自分で慰《なぐさ》めても、私の欲情はもう抑えきれなくなっていました。

もう、我慢の限界だったのです。翌日は親子三人で海水浴場に行く予定でした。でも私は気分がすぐれないと嘘をついて、夫と娘だけ海に行かせたのです。

はたして梶原さんは来るだろうか。何の約束を交わしたわけでもありません。

でも前の日に中途半端なところで終ったのだから、その続きを梶原さんも期待しているはずだ。私はそこに賭けたのです。

私が別荘に一人きりになって、一時間ほどがたったころ、梶原さんはあいさつもせずに姿を現したのです。玄関ではなく、勝手口のほうから入り込んできました。私は家じゅうの鍵を開けたままにしておいたのです。

「梶原さん……」

私がそう言うと、梶原さんはどかどかと家に上がり込んで、私の体を抱き寄せました。そしてまた、あの荒々しいキスを私にしてきたのです。

もう、何の迷いもありませんでした。このときの私には、夫や娘を裏切っているだとか、そんなことは何も考えられなかったのです。とにかく、この短い時間に、梶原さんのすべてを味わいつくそうという欲望しかなかったのです。

梶原さんは、私の体にのしかかって体重をかけてきました。

屈強な梶原さんに女の私が押し倒されたのだから、ひとたまりもありません。

私の体が、ダイニングテーブルの上にあおむけに倒れました。

倒れたあとも、梶原さんは激しいキスを止めようとはしません。息が苦しいほどでしたが、それすらも幸福に感じました。

梶原さんが、私のワンピースのすそに指をかけました。そして一気に胸元までまくり上げてしまったのです。

「あは、んん……!」

私はこの日も、ブラをはずしていました。なので、めくり上げられたワンピースから胸が露出しました。梶原さんはキスしていた唇を離して、私の胸が波打つのを見るとすぐに乳首に吸いついてきました。

「あっ、あはあんっ!」

窓も開け放してあるので、声が洩れるのではないかと心配でしたが、それどころではないくらい感じてしまって、喘ぎ声が止まりませんでした。

夫の愛撫でこんなに感じたことはありません。でも、それは梶原さんの愛撫がじょうずだとか、そういうことではないんです。

テクニックよりも、自分が強く求められていることのほうが、女にとって……特に私のような年齢に差しかかった女にとっては重要なのです。

梶原さんのように男性的な男性とセックスした経験はありませんでした。獣のような、という形容がぴったりきます。本能のままに、私を求めてくるのです。

私は自分から手を下に伸ばして、梶原さんの股間をまさぐりました。

「すごい……すごい……！」

思わず声が洩れました。作業ズボンの上からでもはっきりわかる熱さでした。くっきりと、ペニスの形が浮き上がっているのです。そこを指先で、根元か上までなぞるように何度も上下させると、ますます熱く硬くなってきました。

「お願い……」

私はそれだけ言って、テーブルから降りました。そして仁王立ちになっている梶原さんのズボンのベルトをもどかしくはずして、下着を脱がせたのです。

目の前に、黒々としたペニスが威圧感たっぷりに姿を現しました。

濃厚な汗のにおい、いいえ、「男のにおい」が立ち込めました。私は、明かりに吸い寄せられる夏の虫のように、うっとりとそこに顔を近づけていきました。

唇がふれる直前に舌を出して、まとわりつかせるように舐め回しました。信じられないほど熱くなっていて、これが、自分が興奮させた結果なのだと思うと、うれしくてたまらない気持ちになりました。

「ん……ん……おいしい……」

口をついてそんな言葉が出ました。ほんとうに、おいしいと思ったのです。夫のものを舐めてこんなことを口走ったことはありません。

そうしているうちに、不意に私の頭が梶原さんの大きな手につかまれました。そして梶原さんは、私の口に向かって、腰を動かしはじめたのです。まるで私の頭とセックスしているみたいに。熱い亀頭が、喉の奥まで責め立ててきました。

「ぐっ、ぶっ、んんっ、ん……」

乱暴を受けているのに、もっとしてほしいと思わずにいられませんでした。どれほどそうしていたのか、やがて私の口の中のものがさらにひと回り大きくなった気がしました。初めから大きかったのに、さらにふくらんだのです。そう思った瞬間、ビクンという大きな脈動とともに、私の口の中に熱いものが吐き出されました。

「全部、飲め」

梶原さんの声が聞こえました。一気に飲み込むのがたいへんなくらい、たっぷりの量でしたが、私はなんとか、こぼさずに飲み込みました。そして口を開けて、全部飲み干したということを梶原さんに見せつけました。梶原さんは満足気にうなずきました。

初めて飲み干した精液の味は、最高でした。

それは、自分が女だということを思い出させてくれる薬のようなものでした。

「私のあそこ……濡れちゃった……」

こんないやらしい言葉を、男性に向かって言ったことはありません。梶原さんの動物的な男っぽさに感化されて、私もメスの獣になってしまったようです。

梶原さんは私の体を抱きかかえて、居間のほうに運んでくれました。

そして畳の上に乱暴に投げ出して、パンティが引きちぎれるかと思うほど乱暴に脱がしてしまったのです。

「あっ……んっ……！」

あっという間に生まれたままの姿にさせられた私に、同じように生まれたままの姿になった梶原さんがのしかかってきました。そして首筋に吸いつき、乳首に吸いつき、さらに体の下のほうへと……太腿の間にまで、到達してしまったのです。

「んん、あっ……！」

梶原さんの舌が、私の性器に襲いかかってきました。梶原さんが来るかもしれないと思いシャワーは浴びていました。でも夏の気温の中で一時間も待っていたので、すっかり汗ばんでいました。ただ、それを恥ずかしくは思いませんでした。私たちは、二匹の獣。ただの牡と牝となって交わるのだという気分でした。梶原さんの舌が、私のあそこの中を刺激してきます。自分の性器から蜜がどんどん溢れ出すのを感じました。異性に求められる悦びが、溢れ出したのです。

梶原さんはひとしきり舐め回すと、また私の顔に近づいてキスをしてきました。私の蜜で濡れた梶原さんの舌に、私は積極的に自分の舌を絡めました。

キスしながら、私は梶原さんの胸板に手をあてました。分厚くて、真っ黒に日焼けして胸毛の生えた、男らしい胸でした。梶原さんの黒い肌にも、私の白い肌にも玉の汗が浮かんでいました。梶原さんは、私の乳房を乱暴にもんできました。痛かったけど、それだけ強く私のことを求めているという実感がありました。

「お願い、もう、早く……」

私は懇願しました。もう我慢の限界だったのです。

梶原さんが、自分で自分のものをつかんで、私の太腿の間にやってきました。

待ち望んでいたものが、いま来る、そんな感慨にひたる間もなく、一気に根元まで私は貫かれてしまいました。あの逞しい、黒々としたもので貫かれたのです。

「あう、ああ……！」

私は梶原さんの背中に回した指先の爪を立てて、引っかいてしまいました。

梶原さんもそれに興奮したのか、すぐに強く突いてきました。

交わった部分が焼け焦《こ》げるのではないかというほどの激しさでした。

私の意識が遠くなっていきます。梶原さんの髪の毛をつかんで頭を引き寄せ、何度もキスをしました。そしてそれもできないほど感じて、真っ白になりました。

それでも梶原さんは許してくれません。私の腰を抱いて、体を半回転させてバックの体勢になって、さらに激しく腰をピストンさせたのです。

「イクよ、奥さん……！」

遠くでそんな声を聞いた気がしました。次の瞬間には、自分の膣内に、まるでマグマのような熱さを感じました。私はとっくに放心状態でした、なかば意識を失ったまま、梶原さんの生の精液を膣内に受け止めたのです。

梶原さんの底なしの絶倫の精力で、私の夏は真っ赤に燃え尽きたのです。

瀬戸内海の自転車旅で出会った島の熟女欲求不満の芳醇マ◯コに濃厚牡汁発射!

渡辺孝道　会社員・四十歳

もうずいぶんと昔の話になりますが、若いころは夏になるたびに自転車に寝袋をくくりつけて、いろんなところに旅行したものです。

キャンプ地を利用することもありましたが、そういう面倒な手続きを省略して、思い立ったときに思い立った場所に自転車を停めて、地べたに敷いた寝袋にもぐり込む、なんてこともよくやりました。近隣住民に通報されることもあるのですが、牧歌的な田舎ではおおむね見逃してもらえます。

それぞれに思い出深い旅でしたが、中でも忘れられない思い出があります。瀬戸内海の島巡りをしたときのことです。現地の連絡船も使って島々を巡りました。

そのときもキャンプ地ではなく、道路脇の雑木林《ぞうきばやし》に自転車を停めて寝袋を敷いて寝ようとしていました。高台の絶景スポットで、木々の間からも海とそこに浮かぶ島々が一望できました。そこに昇る朝日を見てやろうと思ったのです。

日も暮れて、固形燃料で沸かしたお湯でカップ麺を作っているときに声をかけられました。その人は近所に住む四十歳くらいのきれいな女性で、どうやらここは町役場所有の土地らしく、見つかると面倒なことになるとのことでした。

「よかったら、私の家に来ない？　庭先で寝てもらってかまわないから」

面倒事はご免でしたから、私は素直にその女性、奈津子《なつこ》さんについていくことにしました。

島では一般的な昭和建築らしい粗末《そまつ》な家で、庭だけは広く、片隅に古びた犬小屋がありました。犬はずいぶん前に死んだらしいのですが、片づけそびれてそのままになっているとのことでした。

私はお礼を言って犬小屋の脇に寝袋を敷きました。少しケモノくさい気もしましたがどうということはありません。先ほどの絶景スポットはすぐ近くですから、朝日は起き出してからあらためて見にいけばいいだろうと思いました。

夜中になり、そろそろ寝ようかと思っていると、奈津子さんが家から出てきました。

「眠れなくて」

そう言う奈津子さんは、おにぎりと晩ご飯の残りだという惣菜を差し出し、私の話を聞きたがりました。私はありがたくご馳走になりながら、こわれるままに、旅のあれこれをおもしろおかしく語ったものです。

奈津子さんは旦那さんのお母さんとの二人暮らしで、旦那さんは大阪に出稼ぎに行っているのだそうで、お義母《かあ》さんはほとんど寝たきりで介護がたいへんとのことでした。

「よかったら、私のこと慰めてくれないかしら」

奈津子さんはそう言いました。セックスのお誘いでした。若かった私に否はありません。

彼女はにじり寄って私にしなだれかかり、股間に手を伸ばしました。これからこの人とセックスできると考えただけで、私のペニスはズボンの上からでもわかるくらいに勃起していました。

「もうこんなになってるの？　すごいね。若いんだね」

ズボンの上からまさぐられて、ますます勃起して、すでに痛みを伴うほどでした。

「ねえ、見せてもらってもいい？」

奈津子さんはそう言って、ジーンズのチャックを開けようとしましたが、胡坐《あぐら》をかいた状態でチャックをおろすのは簡単ではありません。私は立ち上がって、自分でチャックをおろし、勃起したペニスを取り出しました。

多少の気恥ずかしさはありましたが、見せつける喜びのほうが大きかったのです。

「素敵……」

奈津子さんはそう言って微笑むと、エッチな目つきでまじまじと見つめていました。頬は上気し、目はかすかにうるんでいました。そんな彼女はとてもきれいでした。そして、奈津子さんにこんな艶《つや》っぽい表情をさせたのは自分のペニスなのだと思うと、誇らしさが込み上げました。

「これ、さわってもいいかしら？」

「もちろん、いいですよ。というか、ぜひさわってください！」

奈津子さんが手を伸ばし、ペニスに指を絡ませました。気持ちよさに腰が引け、ぴくんとペニスが跳ねました。

「かわいい」

確かに少々滑稽《こっけい》な動きだったかもしれませんが、かわいいと言われるのはちょっと心外でした。

「すごく立派だよ？　私、あなたのこれ、すごく好きかも」

不満げな私を察したのか、あわてて奈津子さんがそうつけ足しました。

「でも、ちょっと勃起しすぎて苦しそうにも見える。出したいんだよね。かわいそうに」

そう言うと奈津子さんは、亀頭の先端にすぼめた唇でチュッとキスしました。

「うぅ……」

思わずうめき声をあげてしまう気持ちよさでした。また腰が引けて、ペニスが跳ねました。今度は奈津子さんも「かわいい」とは言いませんでしたが、目を細めて私の顔を見上げる表情を見れば、そう思っていることはまちがいありませんでした。

「お風呂、もうずいぶん入ってないでしょ？」

そう言われて初めて思い至りましたが、旅行中はほとんど着の身着のままでしたし、銭湯に寄ったのがいつだったか思い出せないくらいでした。

「すみません。においますか」

「ちょっとね。あとでお風呂用意してあげるから、入ればいいわ」

それはふつうにありがたいのですが、とりあえずいまです。くさい性器を鼻先に突きつけて愛撫させるのは、さすがにぶしつけかもしれません。

「ちょっと、洗ってきましょうか」

見れば、庭先に水まき用の水道があり、ホースがとぐろ状に巻いてありました。せめてペニスだけでも洗えるでしょう。

でも奈津子さんは首を横に振り、手を添えたままペニスを放そうとはしません。

「ううん。このままでいい。このままがいいの」

そう言いました。

「若いころは、くさいの苦手だったけど、いまは逆ににおいがあったほうがエッチな気分になるから……」

奈津子さんはそう言って亀頭に鼻をつけてにおいをかぐと、舌を出して亀頭に這わせました。

「うう……」

私はまた情けないうめき声をあげてしまいました。ねっとりと唾液を塗りたくるように舐められるのはとても気持ちがいいことでした。奈津子さんは上目づかいでそんな私を観察しながら、本格的にフェラチオを始めました。

絡ませた指でゆっくりと茎を上下にしごき、もう一方の手で陰嚢を優しくもんでくれました。舌先が意思を持った別の生き物みたいに亀頭を這い回り、絡みつきます。縁《ふち》を確認するように円を描いては、尿道にもぐり込もうとするように先端の縦割れをなぞります。

やがて大きく口を開けると、奈津子さんは亀頭全体をがっぽりと咥え込みました。浅く深くスライドさせ、頭を振ってピストンします。

それはとても気持ちのいいフェラチオでした。若いころのことですからそんなに経験があったわけではありませんが、それが初めてというわけでもありませんでした。それでも、奈津子さんのフェラチオは、それまでに知っていたフェラチオとは全然くらべものにならないくらい気持ちのいいものでした。

自在に動く肉厚の舌がほかの人とは違うのでしょうか。それとも頬の裏側の肉が特別に柔らかいのか、唾液の量がポイントなのか、なんとも言えませんが、とにかく最高のフェラチオでした。また、ディープスロートとでもいうのか、咥え込み方が尋常ではなく深いのです。唇がペニスの根元にまで達するのです。

私のペニスは特に長いわけではないでしょうが、まずまず平均程度にはあると思います。それが根元まですっかり呑み込まれるなんて、どれだけ深く咥え込むんだという話です。先端は喉の奥に達し、いや、もしかしたらそれ以上の奥に届いているのかもしれません。

奈津子さんもさすがにうぐうぐと苦し気に喉の奥から絞り出すようなうめき声をあげているのですが、それでもやめようとはしません。もっと深く呑み込もうとさらに髪を振り乱して頭を振り立てるのです。

たっぷりと溢れ出す唾液が泡立ってこぼれ、茎を伝うのを待ち構えるように、絡みついた指がそれを受け止め、茎にも陰嚢にも塗り伸ばします。もう私の股間は奈津子さんの唾液にまみれ、ジーンズまでぐっしょりでした。

やがて腰の奥に射精の予感がありました。

「ねえ、気持ちいい？　イキそうなら、そのまま出していいからね。全部飲んであげるから」

私の射精が近いのを察した奈津子さんがそう言って、さらに激しくフェラチオを続けます。私としては、そんなに簡単に出してしまうつもりはなかったのですが、すぐに我慢の限界に達しました。

「ああ……！」

私はあえなく射精し、大量の精液が尿道から飛び出しました。旅行中のことでしたから風呂以上に射精の機会はなく、かなり溜め込んでいたはずです。私はそんな大量の精液を、全部奈津子さんの口の中に流し込みました。いや、流し込んだというより、彼女に精液をしぼり取られたと表現すべきかもしれません。

実際、奈津子さんは喉を鳴らしてたっぷりの精液を飲み込み、飲み下し、さらにちゅうと音を立てて亀頭先端に吸いついて、尿道に残る精液まで吸い出して、一滴も残さずに飲み干しました。

「おいしい……」

そう言って微笑む奈津子さんは、やはりとてもきれいでした。それどころかさっきより美しさを増したようにさえ思われました。若い男の精を吸い取って若返る妖怪を連想したのは、さすがに失礼すぎて口に出すわけにはいきませんでしたが。

「今度は、ぼくに舐めさせてください」

射精の脱力感から回復すると、私は言いました。

「私のも舐めてくれるの？　うれしい」

奈津子さんはそう言うと、スカートに手を差し入れて下着を脱ぎました。脱いだパンツを庭の地面に放り出すわけにもいかないからでしょう、手首にくるっと巻きつけたのが印象的でした。

奈津子さんは、犬小屋の屋根に浅く腰をかけました。私はその足元に跪いて、スカートをたくし上げました。黒々と茂る陰毛の奥に赤黒い裂け目がありました。そこはすでに愛液に濡れて光っています。

私は勢い込んで女陰にむしゃぶりつきました。大小陰唇を舌でなぞり、舌でかき分けて、膣口を探ります。

「ああ、気持ちいい……」

頭上に奈津子さんの喘ぎ交じりの声を聞きながら、鼻先を陰毛に突っ込んで、さらに舐め進みます。クリトリスを探り当て、包皮を剝いて、クリトリスに吸いつきました。

「ああ、そこ！　そこがイイの。じょうずよ。気持ちいいわ……」

むせ返るような、熟女の性臭がにおい立ちます。

「私のはどう？　くさくない？」

「いいにおいです。女の人のにおい」

「好きなにおい？」

私はうなずいてクンニリングスを続けます。

「さっき言ってた話、わかるような気がします。においがあったほうがエッチな気分になります」

私はクリトリスに吸いついたまま、指先で膣口あたりをまさぐりました。

「ああ、そう。指もちょうだい。指、欲しいの……」

こわれるままに、私は指先を膣口に押しつけました。たっぷりの愛液で濡れそぼる膣口は、ほとんど何の抵抗もなく私の指を受け入れ、呑み込みました。

「ああ、中もイイ。中も好き……！」

奈津子さんが敏感に反応して、背筋をのけぞらせます。その様子が見たくて目を向けた私と、見おろす彼女の目が合いました。

「かわいい……」

奈津子さんはそうつぶやいて、私の頭をなでました。指を手櫛《てぐし》のように私の髪に差し入れて、がしがしと、ちょっと乱雑ななで方でした。そう、まるで犬にするようにです。

「男の子は、かわいいって言われたくないのかな。でもしょうがないよ。かわいいんだもの。私のアソコをそんなに一所懸命に舐めてくれるなんて、うれしい。すごくかわいい……」

そう言って、また性感に没頭する奈津子さんの様子に、ふと、おかしな考えが浮かびました。ここで飼われていた犬は、もしかするとここでこうして彼女の陰部を舐めたことがあったのだろうか。

バター犬という話は耳にしますし、奈津子さんの性へのどんよくさを見れば、そういうことがあったとしても不思議ではありません。でももちろん、そんなことを本人に確認するわけにもいきません。だからもうそのことについて考えるのはやめることにしました。

それでも不思議なもので、一度頭に浮かんでしまった妄想はなかなか消えません。気がつくと私は、自分を犬に見立てていました。這いつくばって飼い主女性のアソコを舐めしゃぶって舌奉仕するけなげなハチ公です。

その妄想は自虐的で、同時に加虐的でもあって、私を興奮させました。勃起が回復しつつありました。

「入れてもいいですか?」

私は立ち上がって言いました。

「出したばっかりなのに、もう勃《た》ったの? さすがに若いのね」

感心した様子の奈津子さんを後ろ向きに立たせ、犬小屋に手をつかせました。突き出された尻を両手でつかみ、その中心を目指します。亀頭で陰唇をかき分け、狙いを定めて膣口に密着させました。

「ああ、入れて。早く入れて……」

すかさずに奈津子さんが腰をもじもじとうねらせました。私が腰を突き入れるまでもなく、ペニスが奈津子さんの女陰に呑み込まれていきます。

やはり、私がペニスを挿入したというよりは、奈津子さんのヴァギナに私のペニスが呑み込まれたといった感じでした。

「ああ、イイ。気持ちイイ！　スゴイ。スゴくイイ！」

奈津子さんが腰をうねらせ、尻を振り立ててピストンを始めました。私としては、これ以上いいようにあしらわれてはいられません。なんとか主導権を奪わないと男が立たない。女権拡張の進む現代ではバカな考えかもしれませんが、昭和平成はまだまだ男権時代で、そのときの私はそんなふうに思いました。

だから私は、意を決して腰を突き入れました。

「ああ、スゴイ！　はあ！　ひい！」

奈津子さんが悲鳴をあげて背筋をのけぞらせました。私には自転車で鍛えた筋肉がありました。それに若さも。私は勢い込んで、奈津子さんの尻に自分の下腹部の腹筋を叩きつけるように腰を突き入れてピストンしました。

同時に上半身をまさぐります。シャツをたくし上げると、ブラジャーをしていない奈津子さんの豊満な乳房がこぼれ出しました。私は揺れるおっぱいを力強くもみしだき、その感触を味わいました。やや大きめの乳首を指でつまんで愛撫します。

「ああ、気持ちいい。もっと、もっとよ。もっと突いて！」

奈津子さんは大声をあげてヨガリまくり、腰をくねらせ尻を暴れさせます。大きすぎる反応に、ともすればペニスが抜けてしまいそうになり、そうはさせまいと、私は再び両手で左右の臀部をわしづかみにしました。そして、さらに力を込めて腰を突き入れました。

腹筋や大腿筋に鈍い痛みを感じました。翌日の筋肉痛はまちがいのないところでしたが、そんなことに構ってはいられません。島のどんな坂道を自転車で漕ぎ回っても平気だった私の筋肉の限界に挑戦する気持ちで、ひたすらに腰を突き入れてピストンを続けたのです。

「ああ、ひい、ひい、ひいい！」

奈津子さんの喘ぎ声はどんどん大きくなり、背筋の痙攣からも彼女の絶頂が近いことがうかがい知れました。

「ああ、何これ。スゴイ！　こんなの、こんなに激しいの。初めて。スゴイ、スゴイ！　ああ、もうイッちゃう。イク。それも、スゴイの、スゴイの来そう！」

背後からピストンを続ける私を、奈津子さんは髪を振り乱し、肩越しに振り返って言い募《つの》りました。口の端から、泡立つよだれがこぼれて糸を引くのが見えました。

私自身も、腹筋や大腿筋やそのほか全身の筋肉の痛みとは別に、腰の奥に射精の予感を感じていました。

「そのままちょうだい。中で出していいからね。そのままイッて。出して。さっきみたいに、たっぷり出して。熱いの、ちょうだい……！」

そんなふうに喚《わめ》き散らす奈津子さんの背筋が、弓なりにそり返りました。つま先立ちの両脚にぐっと力が入り、ぶるぶると痙攣します。震えはすぐに全身に広がり、同時に喘ぎ声がピタリとやみました。呼吸さえ止まっているようでした。

絶頂でした。それほど激しく絶頂を迎える女性を見たのは、奈津子さんが初めてでした。いや、その後の人生でも彼女ほどに激しくイクひとを私は知りません。

そんな彼女の絶頂を見届けて、私も射精しました。またしても大量の精液がほとばしり、奈津子さんの膣内を満たしました。注ぎ込んだのか吸い取られたのか、そんなことはもうどうでもいいように思えました。

どこからか、野良犬の遠吠えが聞こえました。まさか奈津子さんの喘ぎ声が呼び水になったわけでもないでしょうが、遠吠えはしばらく続きました。

私たちはお互いに息も絶えだえといった風情で、その場にへたり込みました。寝袋の上にあおむけに並んで身を投げ出し、満天の星空を見上げて、聞くともなしに犬の遠吠えに耳を傾けながら、人心地《ひとごこち》つくのを待ちました。

「ほんとうにスゴかった……」

奈津子さんが荒い息のままで、そんなふうにつぶやきました。

「奈津子さんもです……」

私たちは視線を絡ませて微笑みを交わしました。よほど精魂尽き果てたのでしょうか。呼吸がととのうと同時に眠気が訪れ、私はそのまま眠り込んでしまいました。そして目を覚ますと、隣に奈津子さんの姿はありませんでした。

そろそろ夜明けも近いころあいでした。結局お風呂を借りそびれた私は、庭先の水道で、二人分の粘液が乾いて、かぴかぴになった下腹部を洗い流しました。

井戸水を引いているらしい水道水は真夏にもかかわらず、飛び上がるほどに冷たかったのを覚えています。

荷物をまとめているとき、リュックのわきに奈津子さんのパンティが落ちているのに気づきました。手首に巻いていたはずなのに、落としたのでしょうか。それともわざと置いていったのでしょうか。とにかく私はそれをポケットにねじ込み、自転車に跨ると絶景ポイントに向かいました。

瀬戸内海に昇る朝日に照らされる島々の絶景は、美人の人妻と庭先の犬小屋脇で犬のように交わったこととともに、いまでも忘れられない旅の思い出です。

奈津子さんのパンティは旅の間じゅうポケットにあり、性臭の残り香《が》が私の心をずいぶん温めてくれたことをつけ加えておきます。

お盆の帰省先で高校時代の同級生と再会一夜限りの情交で性欲が目覚める媚主婦

佐久間洋美　主婦・四十五歳

私は大学生の娘と息子、二人の子どもがいる四十五歳の専業主婦です。夫は外資系の商社勤務で、同じ職場で知り合いました。もう、二十年近く前のことになります。

夫は当時から出張も多く、とても忙しい仕事人間でしたが、それは結婚前からわかっていましたし、むしろ頼もしく思っていました。

結婚を機に、私は退社して専業主婦になりましたが、夫は順調に出世して、それと比例して家にいる時間が少なくなっていきました。もちろん、収入もそれなりにしっかりしているので文句は言えませんが、結婚生活は完全にワンオペの家事育児で、嫌気がさすこともありました。家事も育児もやりがいがないわけではありませんが、何かモヤモヤとした気持ちを、常に抱えていたのです。

昨年、下の息子が大学に進学して家を出たことで、一人でいる時間が増え、余裕が出来ました。そのおかげでいろいろと考えることができるようになり、やっとモヤモヤの正体に気づいたのです。

本来の私は、子どものころから何事にも積極的な性格で、学生時代は学級委員長や生徒会長などを務め、難関といわれた外資系商社に就職したのも、それまで積み上げてきた自分の能力を生かせると思ったからでした。

それが、結婚してからは、ただ家庭のためだけに生きていたようなもので、何かしら社会参加していない負い目というか、誰にも認められることのない欲求不満が溜まっていた気がしてしまうのです。

唯一、認めてくれるべき存在の夫も、私の努力を見る機会も会話もとぼしい状態でした。

遅ればせながら、また外の世界とつながりを持ちたいと思い、家庭に支障をきたさない条件でやっと見つけたのが、近所にあるスーパーマーケットのパート勤務でした。

もちろん収入のためではないのですが、久しぶりに働きはじめるとつい一所懸命になってしまい、短時間のパート勤務では何か物足りない気分を味わっています。仕事に慣れたら、いつかはフルタイムで働きたいと思っています。

そのように家庭では孤独を感じている私ですが、それでも家族としてのイベントがないわけではありません。その一つとして、毎年夏にお盆の帰省も兼ねて、海水浴場に近い私の実家に行き、数日間滞在するのが我が家の定番でした。

忙しい夫は、参加したりしなかったりですが、昨年の帰省もあいさつだけして、すぐ東京へとんぼ返りでした。また、娘は大学のサークルの合宿があるため同行せず、特に祖父母からかわいがられていた息子だけが、私とともに実家に残ったのです。その息子も年ごろなのか、私と二人きりでいるのはてれくさそうで、いつまでいっしょに来られるのかと、少しさびしい気分になったものでした。

そんな息子はつい先日免許を取ったばかりで、空いている田舎の道で運転を練習したいと言い出し、私の両親が甘いのをいいことに実家の車を乗り回していました。

そんなある日、暇を持て余していた私は、昼前にやっと起きてきた息子に、車で近所の海水浴場へ行こうと提案したのです。私にとって、子どものころからなにかといっては訪れたなつかしい場所で、いつかまた行きたいと思っていたのですが、果たせないままでいたのでした。しかし、私一人では、バスに乗って行かなければならないので、ためらっていたのです。

私と二人きりということで最初は渋っていた息子でしたが、やはり子どものころに連れていってもらった記憶があったのでしょう、現場では別行動を条件にうなずいてくれました。

何のかんのいって、息子はまだ子どもです。いざ海水浴場に着くと、さっそく海に入って元気に泳ぎはじめました。私はといえば、たった一軒だけある海の家の座敷でぼんやりとその様子を眺めていました。地元の人間しか知らないような、のんびりとした小さな海水浴場で、波も大きくなるお盆の時期でしたから、泳ぎにきている者は数えるほどです。少数ですが、釣り人やサーファーの姿もありました。

そんなふうにして一時間ほどたったでしょうか、やがて私はそうやっていることとに飽きてしまいました。とはいっても、自分から誘った以上、わざわざ息子を呼びにいくのも気が引けます。それで、なんとなくスマホをとり出したときに、外から海の家の中をのぞき込む人影に気づきました。

「人違いだったら、ごめんない。洋美《ひろみ》ちゃんじゃない？」

「あら？ もしかして和子《かずこ》？」

中学生くらいの娘らしい女の子を連れ、小型犬を抱いたその女性は、高校時代に結構仲のよかった同級生の和子でした。あらためて見ると、確かに面影があります。

和子は高校卒業後、地元に残って市役所に就職したことまでは知っていましたが、連絡が途絶えてしまっていました。

聞けば、その後、やはり地元の男性と結婚して専業主婦になり、子どもも三人いるそうです。ときどき、犬を遊ばせるためにこうしてこの海水浴場に来るのだと、和子は言いました。

いちばん下の子だと紹介してくれた娘さんに、小型犬を遊ばせるように言いつけた和子と私は、高校を卒業してからのことやお互いの家族のこと、そして昔話に盛り上がりました。

自分だけではなく、同級生のうち何人かはいまでも地元に残っていて、たまに会っているといった和子は、何人かの名前を挙げました。

「そうだ、みんなに連絡して呼び出そうか？　洋美が帰省してるって知らせれば、みんななつかしがって出てくると思うよ。即席の同窓会って感じね」

実家にいても特におもしろいこともない私に、異論はありません。

さっそくその場で、和子があちらこちらに電話やメールをしたところ、すぐに数人から参加すると返事がありました。地元の人ばかりでなく、たまたまお盆休みで帰省していた元同級生にも連絡がついたのです。

そんな調子で、陽が傾きはじめたころには集まる相談がまとまったのでした。

陽が暮れて居酒屋にやってきたのは、男女あわせて七、八人くらいだったでしょうか。

すっかり風貌が変わってしまい、名前を言われなければ誰だかわからない者、高校時代そのままの者、とにかく久しぶりの顔に家のことを忘れ、私は高校のころに戻った気分で楽しみました。二次会にもほとんどの人が行くことになったのですが、そこで、仕事や家の都合で、遅れて合流してくる予定の同級生と会うのも楽しみでした。

予約していたカラオケボックスでは、さらに三人が待っていて、一次会同様に盛り上がり、気がつくと深夜といってもいい時間になっていました。いちおう、遅くなると両親や息子に告げて家を出てきていたのですが、連絡しておこうと思い、私はスマホを手に騒がしい部屋を出たところ、廊下に先客がいたのです。

やはりスマホに向けて何か話している横顔は、あとから合流したなかの一人の山田《やまだ》君でした。家に短い電話をした私と山田君は、示し合わせたように同じタイミングで通話を終わらせ、そのまま部屋に戻らずなんとなく会話を交わしたのです。

「奥さんに電話?」

「いや、店に残してきたアルバイトに、俺がいなくても大丈夫か確認してた。今回のこと、急な話だったから、無理してシフトに入ってもらったもんで」

遅れて来たせいで、大して話をしなかった山田君でしたが、それまでの皆の会話から、いまは実家の酒屋を改装したコンビニのオーナー兼店長をしていると知らされていました。

「コンビニだったよね、たいへんだねー」

「忙しいだけでまるで儲《もう》からないけど、家賃がいらないからなんとかやっていけてるよ。大澄《おおすみ》は専業主婦だってな」

私を旧姓で呼び苦笑する山田君の表情が、高校時代の記憶をよみがえらせてくれました。

あのころの山田君は、クラスでも特に目立った存在ではありませんでした。スポーツで活躍していたわけではなく、成績も中くらい、ただ当時人気のあった男性アイドル歌手にちょっと似ていて、片思いしていた女子もいたと思い出したのです。

けれど、私は彼をそんな対象として考えたことなど、一度たりともありません。それなのに、こんなふうに気楽に話せたのはお酒のせいなのかなと思いました。

「山田君、家族もいっしょに働いてるの?」

「いや、バツイチで子どももいないから。親もいい年で、コンビニで働くのはさすがに無理だよ」

そう言うと、彼は頭をかきました。

「そっか、悪いこと尋ねちゃったかもね」

「でも、お前がそんな家庭的だったとは意外だったな。東京のいい大学に現役で入ったほどだから、いまごろてっきりキャリアウーマンでバリバリ仕事してると思ってたよ」

確かに高校時代は勉強もできるほうでしたし、クラス委員や生徒会長まで務めていたので、そういうふうに思われたのでしょう。

そして、いまの自分を思い複雑な気持ちをになった私の口から、自然に言葉が飛び出たのです。

「山田君、カラオケのあとは、どうするの?」

言ってから、私は自分に驚きました。

カラオケの部屋に戻ってから、私はほかの人たちとの会話も上の空で、ソワソワしていたのを覚えています。

午前零時近くになってカラオケはお開きになり、皆がまたの再会を口に解散したあとです。離れた場所で落ち合った私と山田君は、タクシーを呼び出し国道沿いのラブホテルへ向かいました。

「ほんとうにいいの？」

積極的な私に意外そうな顔をしていた山田君は、シャワーを浴びてホテル備えつけの部屋着になった私に、あらためてそう尋ねました。

「私がただの専業主婦だなんて、がっかりしたでしょ？　でも、なによりそんな自分にがっかりしているのは、私自身なのよ。だから、今夜は高校のころの私に戻って、家のことを忘れたいの」

言いながら私はベッドに上がり、先にシャワーを使った山田君に背を向けて部屋着を脱ぎはじめます。もちろん、その下には何もつけていません。

山田君も脱ぎながら、私をチラチラ見ている気配がありました。

「大澄は、年のわりにきれいな体してるよな。それもあって、外で働いてるのかと勝手に思い込んだんだけど」

「そんなことないわよ。子ども産んでから、お腹に肉がついちゃったし」

「だけどその分、胸やお尻も大きくなってエッチな体つきだ」

上擦った声で言うと、山田君は後ろから私に抱きつきます。

「あぁっ」

彼の節くれ立った指が私の乳首をつまんだ瞬間、忘れていた快感が走り、思わず声を洩らしてしまいました。そういえば、夫とは長い間こんな行為をしていません。久しぶりの男の人の指の感触や体温は、私の女を思い出させます。同時に快感は、専業主婦に飽きあきしながら無理やりそれを抑え込み、モヤモヤとしていた私を、一人の女に戻してもくれました。

おかげで、少しだけ抱いていた罪悪感も、消し飛びました。そして今夜は、本来の私を理解してくれていた山田君のイメージの中にいた女として、ふるまおうと決心したのでした。

私は、彼の腕の中でクルリと体を回します。それでベッドに座ったまま、お互い正面を向き合う格好になりました。もちろん、二人とも素っ裸です。

少しの間、見つめ合った私たちは、舌をからめるキスを交わしたあと、なんとなく小さく笑いました。

「いまになって大澄とこんなことになるなんて、すごく不思議な気分だ。なんというかな、高校のころは、まるで同級生なのに俺らと違って輝いていて、かわいいと思ったけど手を出せる存在には思えなかったし」

「私も勉強と生徒会活動ばかりで、恋愛とか考えたことなんてなかった。でも、今夜は山田君とセックスしたいと思って誘ったの。それだけのことだわ」

言いながら私は、正座している彼の股間で上を向いたペニスに手を伸ばし、唇を近づけます。

「お、大澄!」

まだてれがあるような山田君は、あわてて腰を引きかけましたが、私は構わずペニスの根元を握り、張りつめた先端にキスしました。

「じっとしてて」

正直に言って、男性経験はとぼしい私です。まだセックスレスになる前は、たまに夫にもフェラチオをしていましたが、どこかおざなりというか義務的なものでした。けれど、このときは違ったのです。

私は昔の自分をとり戻す気分で、山田君のペニス全体をていねいに舌先でなぞり、先端部分を口に含みました。

最初は、我ながらぎこちなかった舌の動きでしたが、いつの間にか私は夢中になっていました。

と、あおむけになって短いうめきをあげていた山田君が、鼻にかかったような声で言ったのです。

「ちょっと待って、大澄」

「私、下手だった?」

やっと股間から口を離した私に、彼は半身を起こし、ベッドサイドの淡い明かりの中で真剣な顔つきで言ったのです。

「いや、すごく気持ちいいさ。でもそれより俺、大澄のアソコが見たくなった」

「え?」

恋愛感情こそなかったとはいえ、元同級生です。さすがに、恥ずかしさがわき起こりました。けれど、少し考えてから私は、体を入れ替えシックスナインの姿勢をとります。

アソコに彼の息づかいを感じました。

彼の鼻先で私のアソコがまる見えになっているかと想像すると、それだけで体の奥が熱くなるのがわかりました。おそらく、私の股間のにおいも、彼に知られてしまったに違いありません。

「お前、やっぱり毛が薄いほうだったんだな」

「やだ！　恥ずかしいと言わないで」

「そうか、これが大澄のアソコなんだな。同じクラスの男のなかで見ることができたのは俺だけだって、自慢したい気分だよ。もちろん、絶対誰にも言うつもりはないけど」

つぶやいた山田君は、私のアソコの縁を指先でなぞったり、押し広げたりしました。けれど、いちばん敏感な粘膜の突起部分だけは巧妙に避けて、けっしてふれようとはしません。

山田君は、私をじらしているのだとわかりました。

そもそもは、こちらから誘い自分のペースでリードしようと考えていたのに、このままでは山田君に主導権を握られてしまう。しびれるような快感が体の中で広がっているのを感じながら、私はそんなことを思っていました。

セックスは勝ち負けではありませんが、そんなことにこだわってしまうのが、昔からの性分なのです。

ふと顔を上げると、シックスナインの体勢の目の前に、そそり立っている山田君のペニスがありました。髪をかき上げた私は、ためらうことなく再びそれを握ると頬張ります。

うめきとともに、彼の指の動きが止まりました。

けれど次の瞬間です。いちばん敏感な部分が指先で肉鞘から剝き出しにされ、舌先で突かれました。

「ああっ!」

電流のような快感に体の中心を貫かれた私は、反射的に彼のペニスから口を離してしまいました。アソコから内腿にかけてキュッとすぼまり、腰が浮き上がります。

山田君はそんな私の腰を引き寄せ、さらに舌先を敏感な部分へ集中させました。

「大澄は感じやすいんだな、どんどん溢れてくるよ」

腰が自分の意志とは無関係に、ピクピクと細かく上下に震えているのがわかりました。

もはや、どちらが主導権をとるかなどどうでもよくなり、私は髪を振り乱して山田君に哀願しました。

「ちょうだい！　ね、ちょうだい！」

「俺も、そろそろ我慢できなくなってきたところだ」

そこから彼がどんな動きをしたのか確かめる余裕もなく、気がつくと魔法のように私は四つん這いにされていました。

山田君は私のお尻を両側からつかんで、アソコにペニスをあてがうと一気に腰を貫きました。

「あーっ！　入ってくるぅ！」

硬く熱いものが私を貫き、奥まで圧迫する感覚に、私ははしたないほどの声を張りあげ、つかんだシーツを強く握り締めました。

そんな私の背中に軽くキスした山田君は、ゆっくりと、そして大きな動きでペニスを出し入れしはじめます。そして、私が奥を突かれると弱いと悟ると、今度は細かく速い動きで奥を中心の動きに変えました。

私はその動きの変化に翻弄《ほんろう》され、枕に顔を押しつけながら声をあげつづけます。そしてついに、私の腰は勝手にガクガクと上下して、その動きが体全体に伝わっていきました。

「俺もイキそうだよ、大澄」

背中からの声が、遠く聞こえるたように思えました。すぐに、山田君のペニスが私の中でビクンビクンと動き、熱いものが広がります。絶頂が収まりかけていた私の体は、それで再び痙攣を始めたのでした。

実は夫との事務的なセックスでは、絶頂を感じたことのない私です。

このとき、本来の自分を思い出した気分になった私は、なぜかわかりませんが、薄く涙を浮かべていました。

山田くんとセックスしたのは、そのときの一度きりです。

東京に戻ってから、表向きそれで何が変わったということもありません。それでも、学生時代の積極性がよみがえったのは確かなようです。専業主婦を続けながら、いつかはフルタイムで社会復帰したい意欲が強くなっているのでした。

第三章

不倫の快楽に溺れる罪深き牡と牝の性

素人告白スペシャル
真夏の絶頂不倫旅

野外フェスでチャラ男にナンパされた私
暑いテントの中で乱交プレイを愉しんで

白石智花　主婦・三十二歳

結婚六年目で、夫は私と同い年です。

私たちが出会ったのは、ちょうど十年前の夏の野外ロックフェスティバルです。

昔の私は大のロックファンで、ライブハウスや野外フェスをいくつも巡っていました。髪も派手な色に染めて、見た目もバンギャそのものでした。

しかし結婚したいまはすっかり落ち着き、どこにでもいる普通の主婦です。とはいうものの、いまも夏になると昔の血が騒ぎだし、熱狂の野外フェスをもう一度体験したくなってしまいます。

そこで私たちが出会った野外フェスの日だけは、子どもを祖父母に預けて夫と二人で参加しているのです。

実は昨年の野外フェスで、私はとんでもない体験をしました。そのときの体験を告白してみようと思います。

例年、野外フェスの会場には大勢の人が詰めかけます。大半は若い人たちですが、私たちのような年齢層も少なくはありません。

その日も私と夫は二人で会場に行き、お目当てのバンドのライブを楽しむつもりでした。

ですが、私と夫では音楽の趣味が少し違います。お互いの見たいバンドが異なるステージで重なる場合は、別行動をとることにしています。

昼過ぎ、私は夫と別れてお目当てのバンドのステージを見にきていました。

すでにステージの前には大勢の観客がいました。私もその中にまぎれ込み、久々にライブで大盛り上がりをしました。

ステージが終わると体は汗でびっしょり。若いころのような体力もないので、疲れてクタクタになっていました。

夫との待ち合わせまでにはまだ時間があるので、会場のはずれをぶらついていると、たまたま近くにいた若者グループが話しかけてきました。

「お姉さん、一人？　何してるの？」

「連れと待ち合わせしてるから、それまで時間を潰してるの」

彼らは三人組で、二十歳そこそこの大学生っぽい見た目です。いかにもチャラチャラした感じで、ナンパ目的で声をかけてきたのは明らかでした。

それにしても、私のような三十歳を過ぎた人妻をナンパなんて、さすがに年齢が離れすぎています。せめてもう少し若い相手にしなさいと、内心で苦笑いをしていました。

「お姉さんの連れって彼氏？　女の子？」

「彼氏じゃなくて旦那よ。私はあなたたちよりだいぶ年上で結婚もしてるのよ」

「えっ、そうなの？　全然そうは見えないなぁ」

などと調子のいいことを言って私の気を引こうとしています。

こちらもおだてられているのがわかっていても、悪い気はしませんでした。

三人組のリーダーっぽい男の子は髪を染めたユウジ君。体格のいいがっしりした子がジュン君。もう一人はやせ型のちょっと頼りない感じの子で、あだ名なのかヤス君と呼ばれていました。

まぁ暇だったし、しばらく時間つぶしのつもりで話し相手をしてあげていると、こう私を誘ってきたのです。

「おれたち向こうでテント張ってるから、しばらく中で休憩していかない?」

会場では決められたスペースでテントを張ることができます。彼らはそこに泊まり込みで来ているらしいのですが、気を許していた私は誘われるままについていってしまいました。

周囲にはいくつもテントが張られているし、人の姿も多く見られます。こんな場所で変なことをされる心配もないだろうと、そう思っていました。

ところが安心して彼らのテントに入ったところ、急に彼らが私をとり囲んできたのです。

「えっ、ちょっと……」

「ここまで来たんだから、最初からそのつもりだったんだろう?」

すっかり油断をしていた私は、彼らの豹変ぶりに驚いていました。さっきまでの明るく軽いノリが消え、脅《おど》すような言葉づかいになったからです。

このときになってようやく、彼らは私を抱くつもりでテントに連れ込んだことに気づいたのです。

もっとも、私が迂闊《うかつ》だったことには変わりありません。若い人にナンパをされて浮かれていた自分が情けなくなりました。

彼らは私の体をまさぐりながら、耳元でこうささやいてきました。

「声さえ出さなきゃ、ここでセックスしてもバレないよ。旦那にも黙ってればわからないんだから、しっかり楽しんでいきなよ」

もう彼らにとっては、私は捕えた獲物でしかなかったのでしょう。逃げられないように押さえつけるでもなく、自由に胸や腋の下、お尻をベタベタと服の上からさわっていました。

私もこんな状況でありながら、不思議と怖くはありませんでした。大声をあげて抵抗しようともせず、されるがままでした。

私と夫の仲はけっして悪くありませんし、セックスだって定期的にしています。それなのに見知らぬ男の子に犯されると思うと、期待でドキドキしていたのです。

彼らは汗でべたついていた私の服を脱がせはじめました。

三十歳を過ぎてはいますが、まだそれなりに若いころのスタイルを保っています。胸の大きさもそこそこありますし、肌の張りにも自信がありました。

それだけに、ブラをはずされて乳首が見えたときには、彼らは一斉に「おおっ」と声をあげてくれました。

「人妻ってエロい体してるんだなぁ。おっぱいの形も最高だよ」

「乳首もほら、こんなにとがってる」

口々にほめられると、恥ずかしいようなうれしいような複雑な気分でした。

真っ先に乳首を口に含んだのはユウジ君です。胸に顔を埋めると、ちゅうちゅうと音を立てて乳首を吸いはじめました。

「あっ……」

それだけで私は小さく声をあげてしまいました。

ほんのわずかな刺激でも反応するほど、私の体は敏感になっていたのです。

それを見てほかの二人も、手だけでなく口も使って私を愛撫してきました。もう片方の乳首をジュン君が吸い、私の唇はヤス君がふさいできました。

「ンンッ……」

激しくキスをされた私は、もううめき声をあげることしかできません。

これまで三人から同時に責められるなんて経験をしたことはありませんでした。何もできずに体を好きにいじり回されているだけなのに、うっとりとした気分になっていました。

何度も舌を絡められ、乳首も吸われっぱなしです。快感がじわじわと体に広がってきました。

「気持ちいいんだろ?」

そう聞かれた私は、はっきりとうなずいていました。

いよいよ彼らの手が、私の下半身にまで伸びてきました。

もう私は脱がされる覚悟はできています。ショーツにも手がかけられておろされるまで、おとなしく待っていました。

すべてを脱がせてしまった彼らは、まず私の足を開かせてあそこをじっくりと眺めていました。

「おおっ」

そのときの彼らは、うれしそうな声であそこに顔を近づけていました。

さすがにその場所だけは、あまりじっくりと見られたくはありません。色も若いころよりずいぶん変わってきているし、毛もちょっと濃い目なのです。

それなのに男の子たちが大喜びなのは、やはり女性のあそこへの好奇心が勝っているのでしょうか。

「こっちはけっこう使い込んでる感じだよな」

「やっぱり人妻だもんな。でもこれぐらい熟れてたほうが気持ちよさそうだろ」

彼らは口々に言いながら、あそこの肉を広げて中までのぞき込んできました。

そんな場所まで見られると、恥ずかしいけれど、どこか興奮してしまうような……私はつい「いやっ」と声に出してしまいました。

するとユウジ君の指が、にゅるりと穴の中へ入ってきました。

「あんっ」

いきなりだったので驚きましたが、痛くはありませんでした。すでにあそこの奥は熱く疼いていたからです。

奥まで入ってきた指は、中をまさぐりながら前後に動いています。

「んっ、あんっ」

私はつい甘い刺激に声を出してしまいました。

すぐさま「シーッ」と指を口に立てられ、あわてて口をふさぎました。

普通の話し声ならまだしも、女性の喘ぎ声が外に洩れてしまえば、不審に思われてしまうでしょう。最悪、警備員を呼ばれてしまうかもしれません。

なので気をつけるようにはしたものの、あそこの中ではずっと指が動きっぱなしなのです。

必死になって喘ぎ声をこらえる私をあざ笑うように、しつこくピストンを繰り返されました。

「んっ、ンンッ……だめっ、やめて。それ以上動かさないで」

小声で注意をしても、まったく聞き入れてはくれません。そればかりか「もっとやってやれよ」と周りがはやし立てるのです。

私は快感に負けそうになりつつも、どうにか声を抑えていました。

しかしこのままでは、我慢も限界を迎えてしまいそうです。頭ではわかっていても、思いきり喘いでしまいたい誘惑に押し流されてしまいそうでした。

そんなときに急に指を引き抜かれてしまい、今度は逆に「いやっ、抜かないで」とせがんでしまいました。

「なんだよ、ドスケベじゃん。さっきはやめてなんて言ってたのに」

ますます彼らにあざ笑われてしまいました。おまけにべっとりと濡れた指まで見せつけられてしまったのです。

「ほら、これ舐めてみろよ」

私は言われるがままに、自分の愛液がついた指を舐めていました。

みっともない姿をさらけ出しているのに、どうしてこんなに体が疼いてしまうのか、自分でもよくわかりません。

もっと快感を求めていた私は、指を咥えながらほかの二人にも視線を送りました。

それを察して、次にあそこに指を入れてきたのはジュン君です。彼は指を根元まで入れたまま、ドリルのように左右に回転を加えてきました。

「んっ、うんっ……」

指を咥えているので、どうにか喘ぎ声は出さずにすんだものの、今度は体がじっとしていられなくなりました。

抜き差しされる指の動きに合わせて、いやらしく腰を動かしていたのです。

「おい、見ろよ。自分から腰振ってるぞ」

「こんなスケベな女、初めて見たよ」

もう私は何を言われようとかまいませんでした。どうせ淫らな姿を見られてしまったのなら、隠しても仕方ないと思ったのです。

もう一人のヤス君は、ずっと胸やお尻ばかりさわっています。あそこよりも、そっちのほうが好きなようです。

三人からそれぞれ体をもてあそばれているうちに、私はふと夫のことを思い出していました。

そろそろ待ち合わせの時間が迫っていましたが、とてもいまは抜け出せそうにありません。後で叱られるのを覚悟して、このままテントで過ごすことを選択しました。

「ほら、こっちを見て」

ふと声のするほうに目をやると、いつの間にかユウジ君がズボンを脱いで、ペニスを出していました。

久しぶりに見る夫以外のペニスに、私は息を呑みました。とても立派で鋭く勃起していたのです。

「しゃぶってよ。人妻なんだから毎晩やってるんでしょ?」

ニヤついた顔で彼が口元まで近づけてきます。

正直に言うと、よっぽどのことがないと夫に口でしてあげることはありません。人妻だからといって、毎晩夫にサービスしてあげるわけがないのです。

しかしこのときの私は、黙って口を開いて彼の言うことに従いました。

まずペニスの先を呑み込んでしまうと、そのまま顔を沈めて深く咥えてあげます。

「おおっ、いいよ! 気持ちいいっ」

あとはギュッと口全体で包み込むように締めつけてあげます。ゆっくりと顔を動かしながら、舌をこすりつけるように舐めてあげました。

私のテクニックがどれだけ通じるか不安でしたが、彼はちゃんと悦んでくれたようでした。

フェラチオをする私の顔を、ほかの二人もじっくりと見つめています。

あまり近くで見られると恥ずかしいのですが、開き直っておしゃぶりを続けました。うらやましそうな二人の顔が目に入ってくると、なぜか自然といやらしく唇を動かしてしまうのです。

「早くおれと代わってくれよ。もう待てねぇよ」

「もうちょっと待てよ。いま、いいところなんだから」

なかなかユウジ君が代わってくれないので、とうとうほかの二人までズボンを脱いでペニスをしごきはじめました。

仕方なく私は手を差し出して、三本のペニスを同時に相手してあげたのです。きっと彼らの間では、最初から順番が決まっているのでしょう。リーダーのユウジ君が先で、ジュン君とヤス君は勝手に抱いたりはできないようです。

口を動かして両手も使わないといけないので大忙しでした。テントの中は熱気が充満して体じゅうから汗が吹き出ていましたが、もうそんなことを気にしている余裕はありません。

「よし。そろそろヤラせてもらおうかな」

ようやくユウジ君が私の口からペニスを引き抜きました。

実は私も早く入れてもらいたくて待ちきれなかったのです。指の刺激だけで放置されていたあそこは、ずっと疼いたままでした。

さっそくユウジ君が私の両足を担ぎ上げ、挿入する姿勢をとります。

ほかの二人も、食い入るように私たちの姿を見ていました。この場にいる全員が興奮して口数が少なくなっています。

私がドキドキしながら意識を集中させていると、あそこの入り口に硬いものが押しつけられました。

「ああっ……！」

それが奥まで入ってきた瞬間に、私はまたも声を抑えきれずに喘いでしまったのです。

今度は自分で口をふさぐ必要はありませんでした。次に待っていたジュン君が、ペニスを口に押し込んできたからです。

上と下から同時に入れられたのは、もちろん初めてのことでした。

「ンッ、ンンッ、ンフッ……」

これではどんなに気持ちよくても、小さなうめき声しか出せません。それでよかったものの、うっかりペニスを噛んでしまわないか心配でした。

もっとも、私が何を考えていようと、男の子たちにとってはまったく関係がないようです。

ジュン君は私にペニスを深く咥えさえ、ユウジ君はうれしそうに腰を振っています。二人とも私の体をまるでおもちゃのように扱っていました。

ヤス君だけが仲間はずれでかわいそうでしたが、ちゃんと私は手でペニスを握ってあげていました。

と、私たちがつながってほんの数分も経たないうちに、ユウジ君が突然「ううっ」とペニスを引き抜いてしまったのです。

お腹の上に生温かいものが広がるのがわかりました。どうやら我慢できずに射精してしまったようです。

「おい、早すぎだろ」

「うるせぇ。ちょっと調子悪かったんだよ」

彼はてれくさそうにしていますが、私は内心で喜んでいました。早く終わったということは、それだけ私の体がよかったということですから。

とはいうものの、不完全燃焼だったのも事実です。まだ刺激が足りなかった私は、足を開いたまま待ちました。

そこへ次は自分の番だとばかりに、いままでペニスを咥えさせていたジュン君がおおいかぶさってきたのです。

「おれはあいつよりもうまいから、期待しといていいよ」

彼は入れる前から自信たっぷりです。ペニスもユウジ君よりも少し大きめで、私もひそかに期待をふくらませていました。

まずは軽く先っぽをこすりつけてから、ペニスを一気に突き刺してきます。

「あんっ、おっきい……」

私が声を洩らすと、ニヤリとしたジュン君の顔が目の前に迫ってきました。

彼はさっそく腰を動かしはじめましたが、予想外に激しいのです。ガンガン奥まで突いてくるので、こちらの腰が浮いてしまいそうでした。

「あっ、ダメッ、そんなにされたら……」

あまりの激しさに私は注意を与えましたが、まったく手をゆるめてはくれません。

どうやら彼は、こうやって抱けば女性が悦ぶと思い込んでいるようなのです。

うまいどころか、ただ力任せに腰を振っているだけでした。

にもかかわらず彼の乱暴なセックスに、私の体は反応してしまったのです。

「んっ、あっ……ああっ」

思わず我慢していた喘ぎ声を洩らしてしまいました。快感のあまり、もうどうなってもいいという気分に一瞬なってしまったのです。

すぐに我に返りましたが、快感は休みなく跳ね上がってきます。

これ以上は激しくしないでほしい、そう思いつつも体は悦んでいます。身悶えをしながら、自分でもどうしていいのかわかりませんでした。

「あっ、イクッ」

ここでようやくジュン君も、急いでペニスを引き抜いて精液を発射しました。

突然快感が途切れたので、ホッとしたような、残念なような……私は複雑な気分でした。

しかし休んでいる暇はありません。もう一人、ヤス君がじれったそうにすぐ隣で待っていたのです。

ジュン君が私の体から離れると、入れ替わるようにヤス君が迫ってきました。

「このまま入れるけど、いいよね?」

挿入する前に、そう声をかけてくれました。きっと休みなく相手をする私を彼なりに気づかっているのでしょう。

彼の言葉で私は少しだけ安心した気分になり、「うん、だいじょうぶよ」と微笑みかけてあげました。

彼のペニスも立派にそそり立っています。最後の順番だったので、待ちきれない思いだったはずです。

私はそんな彼の気持ちにこたえるために、あえて腰を浮かして挿入しやすい姿勢になりました。

「はあっ……」

彼のペニスが入ってくると、私は小声で喘ぎながら背中に手を回してあげました。

これまでの二人には見せてこなかった、密着したラブラブのセックスのかたちです。自由に私の体をもてあそんできた彼らに見せつけてやりたかったのです。

彼のセックスはジュン君とは違い、とても優しくて思いやりを感じるものでした。私たちはお互いに見つめ合いながら、まるで恋人同士のような雰囲気で愛し合いました。

「なんだよ、お前だけ優しくしてもらえてずるいぞ」

そんな冷やかしの声も浴びせられるほど、私はヤス君にたっぷり愛情を注いであげました。

「あっ、おれもう……イキそう」

まだ腰を振っている最中に彼が言いました。

そのとき私は、自分でも思いがけないことを口走っていたのです。

「いいよ、そのまま出して」

彼は「えっ」という顔をしていましたが、すぐに私の言葉を理解したようです。

腰の動きを止めると、あそこの奥でたっぷり発射したようでした。よほど気持ちよかったのか、何度も大きく息を吐き出して満足そうでした。

ようやく全員の相手を終えてテントから解放されたときには、とっくに待ち合わせの時間を過ぎていました。

私は身なりをととのえてあわてて夫の待つ場所に向かいました。案の定、夫は遅れたことに怒っていましたが、私は何食わぬ顔で「ごめんなさい。休憩してたら時間を忘れちゃった」とごまかしました。

どうやら私が見知らぬ若者たちとセックスをしていたことは、バレずにすんだようです。私の肌に男性のにおいが残っていたことや、帰り道で下着に精液がしみ出ていたことも、気づかなかったようです。

あれから一年がたち、今年も野外フェスの季節がやってきました。

もちろん今年も夫と二人で行く予定です。夫はライブを楽しみにしているようですが、私はまだ昨年の経験が忘れられずにいます。

もし今年も誰かが声をかけてきたら……と、別の期待をしているのです。

ホテルのナイトプールで美熟女上司のセクシーな水着姿に魅せられた部下……

片桐隼人　会社員・三十六歳

私はキッチン用品を扱うメーカーに勤務する三十代後半既婚の会社員です。

営業職のため、出張が多くて妻をピリピリさせてしまっているのは申しわけなく感じていますが、人と人とのやり取りに醍醐味《だいごみ》を感じ、旅行気分も味わえることの仕事が自分には合っていると思っています。

しかし半年ほど前、他社からのヘッドハンティングで異動してきた脇田《わきた》さんという四十歳の女性が上司となってから、妻とは違う意味で私自身もピリピリすることが多くなってしまいました。

脇田さんはとにかく数字にこだわる人で、部下たちを成績で競わせるやり方を採ったのです。営業という仕事にそうしたシビアな面もあるのは事実ですが、私を含む多くの部下はそれとは別のところで仕事のモチベーションを保っていましたので、反感を覚える者が多く出ました。

しかし脇田さんは、どんな陰口をたたかれても一貫して自分のやり方を変えず、私たちをストレスフルな状態におきつづけました。

悪口の一例を挙げると……「冷血AI女」「オールドミス」「鉄仮面」「永遠の処女」などなど。脇田さんが未婚の中年女性であることをあげつらったものが多く、われわれも品がありませんが、それほどに彼女は憎まれていたのです。

特に成績の上がらない者をこきおろす口調には明らかにやりすぎと思わせるものがあり、キレてしまって異動させられた者もいるほどです。

そんな脇田さんと二人で瀬戸内海沿いにある某高級レストランへ出張することになったとき、私は暗澹《あんたん》たる気分で、胃がキリキリと痛みだすのを感じました。

都内から新幹線で向かうのですが、その道中がすでに気まずすぎるのです。ふだんから仕事以外の会話などしたことがありませんでしたし、そもそも話したいとすら思いませんでした。

実際、移動中は脇田さんがずっと本を読んでいたこともあり、ほとんど会話することはありませんでした。

ただその際、隣の座席にいる脇田さんからいいにおいがしていたこと、タイトスカートから伸びた脚がきれいだったこと、初めて間近から横目で見た肌が十分にケアされていることなどを意外に思い、この人は自分にも厳しいんだろうなと、いくらか思いを新たにする発見がありました。

私個人の信条として、可能な限り人の欠点ではなく長所を見たいという思いもあり、少なくともこの出張中は脇田さんのいいところを探してみようと思ったりもしました。

夜、クライアントとの打ち合わせが無事に終わり、われわれは私が予約しておいた近くのホテルへ移動しました。

食事はクライアントのレストランの厚意で出してもらってあり、あくまで仕事の一環としてすでにすませてありました。脇田さんとプライベートで食事をするのはつらいものがありましたから、これはほんとうに助かりました。

部屋は言うまでもなく別々です。ロビーで明日の予定を確認してからようやく一人になったとき、私はテンションをぶち上げていました。

やっと伸びのびできるということもありましたが、実を言うとこのホテルを予約したのは、屋上に夏季限定のナイトプールがあるからで、鞄《かばん》の中にひそかに海パンを入れてあったのです。

まさか、脇田さんがこのホテルを下調べしてナイトプールの存在を知り、彼女もまた水着を持ってきていたとは夢にも思わずに……。

部屋に入って荷物をほどき、意気揚々と海パンに着がえてデッキに出ると、そこには息を呑むような異世界が広がっていました。

水中やプールサイドにピンクがメインのライトアップがされていてエモーショナルな雰囲気がただよい、カラフルな水着の美女たちがそこここでたわむれているのです。男も同じくらいかそれ以上にいたのですが、まったく目に入りませんでした。

脇田さんのお供という重荷から解放された私は、空の月を眺めながら水面をゆったりとただよい、ときおり近くを行き過ぎる美女たちに見とれ、心身の疲れを心行くまでいやしました。

そしてふとプールサイドに置かれたデッキチェアを見上げたとき、そこにいる美女に目が釘づけとなってしまったのです。

深いV字の切れ込みが胸元に入った、エレガントかつセクシーなワンピースタイプの水着を着たその女性は、引き締まっていながら年相応のムチムチ感を隠せず、けれど堂々としている様子が日本人離れした妖艶《ようえん》さをかもし出していました。豊満なバストとヒップ、そして見事なくびれも相まって、白人女性のようにも見えましたが、よく見ればやはり日本人でした。

私は別段、熟女好きではありません。妻も七歳年下です。が、その女性の熟れた色気にはあらがいがたい魅力を感じました。

もうとっくにおわかりのことと思いますが、その女性があの脇田さんだったのです。

セミロングの髪をポニーテールにし、スッと伸びた首をさらしたその姿は仕事中に見る脇田さんとはまるで別人で、私がそこに気づくまでにはかなりの時間がかかってしまいました。

スタイルがいいのはうすうすわかっていましたが、まさかこれほどとは……。

気づかれていないのをいいことに舐め回すような視線を向けていた私は、彼女がプールサイドのバーで豪快にカクテルグラスをあおりはじめたのを見て、たまらず声をかけていました。

すでに三杯も飲んで目元を赤くしていた脇田さんは、私の出現にひどく驚いた様子を見せました。いつも冷静な彼女のそんな姿を見るのは初めてのことで、私は思わずかわいいと思いました。

「そっか、片桐《かたぎり》君が予約したんだから、このプールのことも知ってて当然よね」

狼狽《ろうばい》を隠して威厳を保とうとしている口調です。

しかし確実に酔いが回っているようで、ふだんとは明らかに雰囲気が違いました。

「すみません、脇田さんのおくつろぎの時間を邪魔するつもりはなかったんですが、あいさつしないのもどうかと思いまして。ここ、いいですか？」

「ええ……もちろん……」

そう言うと、脇田さんは目を伏せて私の濡れた体から視線をはずしました。昼間のスーツ姿とのギャップにとまどったのでしょう。そして同時に、自分自身のセクシーな水着姿も意識したはずでした。

私もカクテルを頼み、まずは当たりさわりのない話をしました。それでも脇田さんが見せるちょっとした仕草に胸が躍りました。隠そうとしても見えてしまう内心の動揺に、彼女の繊細な人間性が表れているのをはっきりと感じたのです。

考えてみれば、他社から来ていきなりたくさんの部下を率いることになった彼女の抱えるストレスやプレッシャーは、相当なものに違いありません。

私はごく自然な気持ちで目の前の女上司をねぎらい、尊敬の意を示し、そして気づけば女性としての美しさを賛美していました。

ふだんならこんな会話が成立することはないでしょう。しかし脇田さんも酔っていましたし、ともに水着姿という状況が互いに殻を作ることを許さなかったのだと思います。

徐々にではありますが、ふだんのコミュニケーション不足の反動のように、私たちは打ち解け合っていきました。

脇田さんの理性としては不本意だったかもしれません。しかし理性とは違う部分では、男性部下とのこうしたコミュニケーションを喜んでくれているのがはっきりと伝わってきました。

プライベートについてはあえて聞かないようにしたのですが、そうしたマナーも功を奏したようです。この一時間ほどのやり取りの中で、脇田さんは確かに私に好意を抱いてくれていたと思います。

私は私で、彼女が全身からにじませている濃厚なフェロモンに参っていました。彼女が私から視線をはずしている間にどれほど視姦してしまったかわかりません。とはいえ、相手は直属の上司……本気で手を出したりするつもりはありませんでした。また、そうした甲斐性が自分にあるとも思えませんでした。

にもかかわらず私を衝き動かしてしまったもの、それはまさに脇田さんの女としての魅力、そして夏の夜のナイトプールという特別なシチュエーションだったのだと思います。

部屋で飲み直そうという流れになったのは、私が酔いを言いわけにしてたっぷり駄々をこねたからでした。ほんとうに酔ってそうしたのではなく、ここは脇田さんの母性本能に訴えかけるのが良策だと判断したのです。

おそらく脇田さんにはすべてお見通しだったと思います。それでも彼女は私の部屋まで来てくれましたし、酔ったふりをしている私をじょうずにいなしてくれました。

「今日はとことん飲みましょう、脇田さん」

「明日もあるんだから、少しだけよ」

勝手に無礼講ということにしている私の態度に怒ることなく、脇田さんが自ら冷蔵庫を開けてビールを二本とり出してきてくれたのは、私にとって実にしびれる瞬間でした。

ガウンこそ羽織《はお》っていましたが、私たちはまだともに水着姿でした。日ごろは仕事のみの関係でしかない間柄だけに、ホテルの部屋で二人きり、しかも水着姿というのはあまりにも刺激的です。

そこをあえて気づかないふりをしている脇田さんが最高にセクシーで、私はむしろ酔いが冷め、どんどん研ぎ澄まされていく気分になりました。

ガラステーブルの前に置かれた三人がけのソファに並んで腰かけた私たちは、

もしその光景を見ている人がいれば恋人同士にしか見えなかったでしょう。

しかし私は非常に緊張していました。

ここからどう展開すればいいのかがわからなくなり、気づくとビールをあおりながらありとあらゆる本音を吐き出していました。仕事のことはもちろん、夫婦の悩み、そして脇田さんに感じている反発についても……。

口説《くど》くというミッションの前では明らかに落第だなと、私は話しながら自分に失望していました。これじゃまるでチェリーボーイだ……そう思い、もうダメかなと心が折れかけたときでした。

脇田さんが私の太腿に手を置いて、「そんなことを言うために私を部屋に引き込んだんじゃないでしょう?」とまさかの援護をしてくれたのです。

この瞬間に私は狂いました。

とどのつまり、いい年をしてチェリーボーイみたいにがむしゃらなアタックを仕掛けたのです。

ガバッと脇田さんの肩を抱き、強引に引き寄せて唇を奪いました。私の股間は痛いほど張りつめており、舌を絡めた瞬間、脇田さんの唾液の妖艶な甘さに脳天までしびれました。

抵抗がないことを確かめつつ、もう一方の手を脇田さんの胸のふくらみにかぶせて激しくもみ回します。

「んむっ……んっ」

脇田さんのうめきとともに水着の下で巨大な肉塊がひしゃげ、V字に開いた切れ込みからムニュッとこぼれ出しそうになりました。

冷血AI女と呼ばれる鬼の上司にディープキスをしながら、豊乳をもみしだいている……。

とても現実のこととは思えませんでした。

夢中のまま耳を甘噛みし、首筋を舐め、そうしながら切れ込みの内側へ手をすべり込ませていきました。

硬くしこった脇田さんの乳首に指をふれさせ、指の股で挟みながら肉塊をわしづかみにし、体をこちらに向かせてガウンごとワンピースタイプの水着の肩紐をずり落としました。

露《あらわ》になった形のいいGカップほどの乳房……それが重たげに垂れながら乳頭をツンととがらせているのを見るなり、私は突端に唇を吸いつけ、強く吸いつつ口内でしこりを舐めたくりました。

「んあっ……あはぁっ」

悩ましげに喘ぐ脇田さんの手が、私の肩に優しくのっていました。

興奮やうれしさとともに脇田さんに対する愛にも似た感情が込み上げてきます。

左右の乳房を剝き出しにさせ、その頂点を交互に舐め吸いしながら、私は片手を脇田さんの秘部へと伸ばしていきました。

ツルツルとした布越しに秘所の柔らかな肉の感触と熱い湿り気を感じます。

クリトリスと思《おぼ》しき部分を爪でかくようにすると、脇田さんが自ら脚を開いて愛撫しやすくしてくれました。

そして同時に片手をおろし、私の股間にふれてきてくれたのです。

「あ、あぁ……脇田さん！」

長い指で勃起のふくらみを包んでこられ、その繊細なタッチだけで危うくイキそうになりました。

私はもう一度脇田さんの唇を奪い、舌を吸いながら、彼女の水着の脇から秘所に直接ふれていきました。

淡く柔らかな陰毛の先に、トロトロに濡れたヴァギナが息づき、私の指を呑み込みました。

脇田さんの腰がせり上がるのとともに、私の海パンの中に彼女の手が突っ込まれました。直接握られた瞬間、怒張したものが先走り汁でヌルヌルになっていることに気づかされました。

水着の布地を大きく横にずらしてGスポットを突きながら彼女と目を合わせると、脇田さんは瞳をトロンとさせつつ凄艶《せいえん》な笑みを浮かべていました。

これほどの女性がなぜひとり身でいるのか……そんな野暮《やぼ》な考えが頭の片隅をよぎった瞬間、脇田さんにそっと肩を押され、私はソファの上に寝かされました。すぐに海パンを脱がされ、飛び出した勃起に彼女の唇が押しかぶせられました。

「うあっ……き、気持ちいい……あぁっ！」

一時期は憎しみすら覚えたこともある女上司のアグレッシブでいやらしすぎるフェラチオ……身も心も溶かされていくようです。

たちまち射精してしまいそうになり、ここは対抗しなければと、体を動かしてシックスナインの体勢になりました。

脇田さんを上にのせるかたちで、水着を強く横に引っぱりながら、目の前の熟れたヴァギナに口と鼻を埋め、夢中で舌を使いました。

意外に楚々とした陰唇がパックリと開き、その奥から透明な蜜汁がトロトロと溢れ出しています。

甘露《かんろ》としか言いようのないそれを舐めすすっていると、脇田さんの腰がなまめかしく動き、股間に荒い鼻息を感じました。

非常に敏感な体質のようです。脇田さんはほどなくしてフェラチオを続けていられないほど感じ昂り、息も絶えだえに喘ぎ悶えるばかりとなりました。

そして引き締まっていながら量感のある太腿をわななかせ、「い、イク……片桐君……ああっ、イッちゃう!」と小声で言うなり、ピュピュッと小さく潮を噴きつつ果てたのです。

難攻不落のように見えていた彼女の意外なモロさを目の当たりにし、私はにわかに征服欲をかき立てられました。

身を起こすと体を入れ替え、水着を半脱ぎの状態にさせたまま、一気に正常位で貫きました。狭いソファの上でしたが、ベッドまで移動している余裕はありませんでした。

夢中のまま無意識にピストンを開始します。すると脇田さんが下から腕を伸ばして私の首を脇の下に抱え込み、「私、ピル飲んでるの。生理をコントロールするためにね」と耳元で息を吹き込むようにささやいてきたのです。

これはフォローなのか挑発なのか……避妊具をつけていなかったのは私が至らなかっただけですが、いずれにしても「中出し」への期待にいっそうの興奮が高まりました。

ジムなどに通って鍛えているのでしょう、脇田さんの体はムチッとした脂肪に包まれていながら、その底にしっかりとした筋肉のうねりを秘めていました。

膣の締まりもすばらしく、比較しては悪いのですが体を動かすのが嫌いな妻よりも遥かに強いフィット感がありました。

抜き差しのたびに背筋を快感が駆け上がり、ダイナミックに揺れ弾む乳房、そして悩ましく感じ昂る表情を見るほどに、つくづくいい女だと思わずにはいられませんでした。

「すごく……すごくいいです、脇田さん……ああ、すばらしい女性だ……」

奥まで突き込みながら言う私に、脇田さんは無言のまま天女のような笑顔でこたえてくれます。

その一方、ときおり切羽詰まったように眉根を寄せて、ビクビクッと小刻みに絶頂するのがまたたまりませんでした。

乳首はピンピンにとがり立ち、結合部分からは濃密な粘着音が響いています。ほどなくして限界まで追い詰められてしまった私は、無理をせず、そのままスパートをかけました。

我慢しなかったのには理由があります。脇田さんが相手なら、二度でも三度でも射精できるという確信があったのです。

「こ、このまま中に出します！　ああっ、も、もう出ます……くっ、ううあっ」

灼熱の膣粘膜に包まれたまま、ビュルビュルと自分でも驚くほどの勢いで精液を放っていました。

同時に脇田さんも高い声をあげ、脂汗でヌメ光っていた肌をギラギラさせながら、のけぞるようにして大きな絶頂に達しました。

私はけっして絶倫と呼ばれるタイプではありません。しかしこのときは予想のとおり、射精直後であるにもかかわらず勃起度がほとんど衰えませんでした。

ふとした思いつきから、私は脇田さんの手を引いて立たせると、彼女を窓際へ連れていきました。さらに窓枠に手をついてもらい、尻を突き出させて水着を完全に脱がせました。

そして夜景を見ながら立ちバックで激しく彼女を貫いたのです。

「お、おおんっ！」

上品な脇田さんがガニ股になって背筋をそらせ、腰を落としかけました。

大きな窓から望めるのは瀬戸内海を含んだロマンチックな夜景です。リゾート感たっぷりなこのシチュエーションを脇田さんはどう見ていたのでしょう。腰回りのくびれとは好対照に大きく広がったヒップを抱えて突きながら、むしろ私のほうがうっとりとしていたような気がします。

窓に映る脇田さんの顔がゆがみ、口を大きく開けて絶頂する様子を眺め、私は夢中で腰を打ちつけました。

背後から乳房をもみしだくと、脇田さんは膝をガクガクとふるわせて、いよいよ立っていられないほどになってきました。

ほかならぬ脇田さんを私がここまで追い詰めている……その事実にふつふつと悦びが込み上げてきます。

「そろそろベッドに行きましょう。まだこれからですからね」

ガラにもないセリフを吐いて彼女をベッドへ導き、私たちはともに汗だくの体で濃密に絡み合いました。

すでに何度もイッている脇田さんでしたが、こちらが何をしても、打てば響くようなパワフルな反応が返ってきました。

ことに騎乗位ではその見事な肉体をダイナミックに弾ませ、私の目を大いに楽しませてくれました。その一方、こちらが下から突き上げると電流を流されたようにビクンビクンと痙攣し、例のイキ潮をピュッピュッと噴いてくるのです。

さらにバック、寝バックで張りのあるヒップの感触に酔いしれた私は、あらためて彼女をあおむけに戻して、汗まみれの肌をすり合わせる密着型の正常位でラストスパートをかけました。

何度もキスをして一体感を味わい、二度目の射精が近づいてきたとき、脇田さんが自分から激しく腰を動かしてきました。

私を気持ちよくしてくれながら、自分でもどんよくに快楽を味わい抜いているのです。

この人はセックスもうまいんだなとしみじみ感じ入り、私は尊敬の念を新たにしながら「脇田さん、すみません……俺、イキます……ずっとこうしていたいけど……もう、もう我慢できません!」と、歓喜の中で屈服の言葉を口にしました。

そして次の瞬間、脇田さんの膣奥で再びの放出に至ったのです。

思えば脇田さんはセックスの間中、よけいなことを何も言わず、ただただ私を受け入れてくれていました。

そのことにあらためて気がついたのは事後、「私、男には困ってないのよ」「奥さんがいるんだから大切にしなきゃダメだからね」「これは一度きりのこと」などと、会話の中でさりげなく注意を与えられたときのことでした。

どの言葉にも深く納得できた私は、ほんとうにすばらしいひとときを味わわせてもらったという感謝と悦びを噛みしめながら、一人眠りにつき、翌日は気持ちを切り替えて脇田さんとともに会社に戻ったのでした。

以来、このときのことは互いにいっさい顔に出していません。

脇田さんの仕事の方針はいまも変わらないままですが、あの夜に彼女を口説き落とすことができたのは、彼女の寛容《かんよう》さに甘えた部分が大きいとはいえ、私が営業マンとして培《つちか》ってきた力の賜物《たまもの》でもあると思います。

やはり営業は、数字ではなく人を見てするものだ……その思いを胸に、脇田さんの期待にもこたえられるよう、今日も仕事に邁進《まいしん》しています。

子連れのバカンスで昔の教え子と遭遇 お酒の勢いで黒光りペニスを呑み込み！

石川美也子　中学教師・三十九歳

大学時代の友人・啓子《けいこ》と子ども連れで海水浴に行ったときの話です。

啓子の旦那さんは高収入で、海岸の近くに別荘を所有しているんです。

彼女との旅行は結婚してから初めてのことで、バカンス気分を楽しんでいると、青年二人組がナンパしまくっては失敗している姿を見て首を傾げました。

どこか見覚えがあると思ったら、なんとかつての教え子、笠松《かさまつ》くんと戸田《とだ》くんだったんです。

二人も私に気づいたのか、驚いた顔で近づいてきました。

「先生じゃないですか！　お久しぶりです」

「誰かと思ったら、あなたたちだったのね」

「あちゃ……見られちゃいました？」

彼らは車の免許をとり、ドライブがてら、日帰りで遊びにきたそうです。

大学生になった教え子たちに目を細めていると、啓子が別荘に誘いをかけ、あっという間に夕食をともにする約束を交わしてしまいました。

彼女は学生時代から男好きでしたが、五歳と六歳の子どものいる手前、非常識な行動はとらないだろうと思っていたのですが……。

笠松くん、戸田くんといったん別れたあと、私は納得いかずに啓子の腕をつきました。

「ちょっと、あんなこと言ってどうするのよ。子どもたちだっているのに」

「かまわないじゃない、楽しく過ごせれば」

「もう、相変わらず能天気なんだから」

「家事育児にたいへんなんだから、たまにはいいじゃないの」

彼女は目をらんらんとさせ、若い青年らとのひとときに早くも心躍らせているようでした。結局、それ以上は何も言えず、お肉や野菜、お酒などを購入し、別荘に戻ったんです。

笠松くんや戸田くんが来訪したのは午後七時を過ぎたあたりで、彼らもビールやジュースを持参し、リビングで鉄板焼きパーティを開きました。

「この肉、メチャうまいですね」

「百グラム、二千円だもの」

「えっ、じゃ、よく味わって食べないと」

どうやら啓子は笠松くんを気に入ったらしく、となりに陣どって離れようとせず、私といえば、食材を運んだり二人の子どもの世話を焼いたりと、パーティを楽しむ余裕は少しもありませんでした。

「先生、手伝いますよ」

「戸田くん、悪いわね」

「お安いご用ですよ。何せ、高いお肉までご馳走になってるんだから」

中学生のときはやせぎすだったのに、日に焼けた肌が逞しく、胸がドキリとしたのですが、もちろん態度に出せるはずがありません。

二人でキッチンからリビングに戻ると、娘の美也《みや》がとろんとした目でしなだれかかりました。

「ママ、眠い……」

時計を確認すると、すでに午後九時を過ぎているではありませんか。

啓子の娘、可奈《かな》ちゃんもテーブルに肩肘をつき、うつらうつらしていました。

啓子は子どもそっちのけで、相変わらず笠松くんと楽しそうに話しており、お酒がかなり回っているのか、顔はもう首筋まで真っ赤でした。

「子どもたち、寝かせてくるわね」

「あ、おねがぁい」

間延びした返事に少々ムッとしたのですが、怒って場を白けさせるわけにはいかず、私はグッとこらえて子どもたちを二階の寝室に連れていきました。

美也も可奈ちゃんも寝床に入ったとたんに寝息を立て、私はブランケットを首までかけてから部屋をあとにしました。

笠松くんと戸田くんは、いつ帰るのか。

そろそろお開きにしなければと思いながらリビングに戻ると、啓子と笠松くんの姿がどこにも見当たらず、戸田くんしかいないではありませんか。

「あら、二人はどこに行ったの?」

「しっ！」

彼はビールグラスをテーブルにおき、唇に人差し指を押し当てました。

「な、何？」

意味深な笑みを目にした瞬間、いやな予感がしたのですが、戸田くんは腰を上げ、リビングの出入り口を指差しました。

「何よ、どこにいるの？」

「……こっちですよ」

腕を引っぱられリビングをあとにした私は、戸田くんとともに薄暗い廊下の奥に向かいました。

いまにして思えば、事の重大さに気づくべきだったのですが、あのときは私もかなりのアルコールを摂取しており、正常な判断能力を失っていました。

「あそこですよ」

戸田くんが耳元でささやき、いちばん奥の部屋の手前で立ち止まりました。

目をこらすと、ドアがかすかに開いているではありませんか。

無意識のうちにすき間に顔を近づけた瞬間、とんでもない光景が目に入り、私は思わず大きな声をあげそうになりました。

なんと啓子と笠松くんがベッドに寝転び、情熱的なキスをしていたんです。

部屋は常備灯だけがともり、オレンジ色の明かりが淫靡な雰囲気をこれでもかとかもし出していました。

「あ、ンっ、ンっ、ンふうっ」

浅黒い手が豊満な胸をもみしだくと、啓子はくぐもった声を洩らして身をくねらせ、肉づきのいい足を彼の足に絡めて身悶えました。

子どもたちが二階で寝ているのに、母親が下の階でふしだらな行為に没頭している。その相手が私の元教え子なのですから、平気でいられるはずもありません。すかさず頭に血が昇ったものの、あのときは怒りよりもショックのほうが大きかったと思います。

長いキスが途切れるや、大きな手がワンピースのすそをかいくぐり、啓子がはしたなくも両足を大きく広げました。

「あ、ンっ、だめ、だめよ」

「すごいですよ。パンティが、もうぐちょぐちょじゃないですか」

「あ、ふうぅンっ」

しなやかな指が笠松くんの股間に伸び、ハーフパンツのふくらみをなで上げると、今度は低いうめき声が耳に届きました。

「ぐ、くうっ」

「あなたのだって、こんなになってるじゃない」

「そんなにいじり回したら、我慢できなくなっちゃいますよ」

「あぁン、すぐにイッたらだめだからね」

啓子は、らしくない甘い声で答え、ハーフパンツのホックをはずしました。

そして身を起こし、パンツをトランクスごと引きおろしてペニスを剝き出しにしたんです。

まるまるとした亀頭、エラのがっちり張ったカリ首、こぶのように浮き出た血管。背の低かったあどけない少年は、いつの間にか大人の男に成長していました。

啓子は正座の状態から、ビンビンにそり勃つペニスに唇をすべらせ、舌でペロペロと舐めはじめたんです。

「あ、おおっ」

「ンっ、ふうっ」

たっぷりの唾液をまぶし、ぬらぬらと妖しく照り輝くペニスのなんと卑猥なことだったか。啓子は亀頭の先端から陰嚢まで舌を往復させたあと、真上からぐっぽりと呑み込みました。

「ンっ、ンんんぅっ」

「あ、ディープスロート……くうっ、す、すごいです」

「こんなもんじゃないわ。もっと気持ちよくさせてあげる」

啓子はペニスをいったん吐き出すと、自信たっぷりに言い放ち、今度はがっぽがっぽとしゃぶりはじめたんです。

「はうううっ！」

笠松くんは身をこわばらせ、みけんにしわを寄せてうめきました。

よほど気持ちいいのか、シーツを引き絞り、切なげに身をよじったんです。

驚きの連続に啞然《あぜん》とするなか、啓子はワンピースの下に手を入れ、レース地のショーツがするすると引きおろされました。

大人の男性と女性ですから、このあとの展開はいやでも予想がつきます。

それでも啓子は人妻だけに、あのときは信じたくない、認めたくないという思いのほうが勝っていました。

「あうっ、啓子さん、そんなにしゃぶったら、イッちゃいますよ」

「だめだったら」

啓子はペニスを口から抜き取り、彼の真横にあおむけになりました。

「今度は、あたしのもして」

笠松くんは待ってましたとばかりに身を起こし、ワンピースのすそをたくし上げ、股のつけ根に顔を埋めたんです。

じゅぷ、じゅぽっ、じゅる、じゅるるるっ！

いやらしい水音が絶え間なく響き渡り、啓子はうっとりした顔つきに変わっていきました。

「あっ、あっ、いい、いいわぁ、そこ、クリちゃん、吸って」

なんといやらしい言葉を口にするのか。

あっけにとられる一方、私の性感もみるみる上昇し、あそこは大量の愛液でうるおっていました。

子宮の奥が甘くひりつき、無意識のうちに内股をこすり合わせてクリトリスに刺激を与えていたんです。

「はああっ」

思わず吐息混じりの喘ぎ声をあげた瞬間、浅黒い手が後ろから伸び、乳房をわしづかみにされました。戸田くんの荒々しい声が耳に届き、続いてヒップに硬いものが押しつけられたんです。

「あ、やっ」

啓子と笠松くんの行為を目の当たりにし、彼もまた昂奮していたのでしょう。

腰をよじって抵抗したものの、彼の手が太腿の間に差し入れられると、体から力が抜け落ちました。

「はあはあ、先生、となりの部屋に行きましょう」

「だ、だめよ……」

「先生のこと、中学のときから好きだったんです。ずっとあこがれていました」

愛の告白をされたとたん、身も心もとろけ、もはや抵抗する気力は少しも残っていませんでした。

「こっちへ」

手を引かれ、私は言われるがまま、となりの部屋に連れ込まれてしまったんです。照明がつけられると、戸田くんの目はすっかり充血し、ハーフパンツの中心は大きなテントを張っていました。

「先生が欲しいです！」

「そ、そんなこと……」

「俺が先生のことを好きだってこと、笠松はずっと知ってたんですよ」

二人の間では、すでに話が通っていたのでしょう。笠松くんが啓子のとなりから少しも離れなかった理由がわかりました。

「しょ、照明を消して……あっ」

こちらの声が聞こえなかったのか、戸田くんはまたもや手を引っぱり、私をベッドに押し倒しました。そして唇を奪い、体じゅうをまさぐってきたんです。

「ンっ、ンっ、ンふぅうっ！」

乳房をもまれ、背中やヒップをなでられ、女の性感がいやが上にも燃え上がりました。

「ああっ、先生！」

「あンっ、やぁぁっ！」

彼はワンピースをまくり上げ、ショーツを強引に引きおろしました。

部屋の照明がこうこうとついているのですから、恥ずかしいのは当然のことです。

「だめ、だめよ……」

手首を押さえて抵抗したのですが、大人の男の腕力にはかなうはずもなく、はき替えたばかりのショーツはあっという間に足首から抜き取られてしまいました。

しかも足を大きく広げられ、恥部をまたたきもせずに見つめてくるんです。まさか教え子に大切な箇所を観察されようとは、夢にも思っていませんでした。

「戸田くん、先生の言うことが聞けないの？」

「聞けません！」

キッとにらみつけても、彼は意に介さず、股間にかぶりついてきました。

「あ、ひぃン！」

とたんに快感が背筋を駆け抜け、早くもエクスタシーの波に呑まれそうになりました。

戸田くんは、さほどの経験はなかったのではないかと思います。

舌の動きがぎこちなく、余裕は少しもないように見えましたから。でも、その
がむしゃらさが女心をくすぐり、かわいいと思ってしまったんです。

私はいつしか彼の頭を抱え込み、自ら花園を押しつけていました。

「あっ、やっ、ンっ、ふわぁっ」

「あぁ、先生のおマ〇コを舐めてるなんて、夢のようです」

「あ、そこ、そこ」

「ここですか？　クリちゃんがいちばん感じるんですか？」

「ひぃやぁぁっ」

私ははしたない声をあげ、腰を派手にくねらせました。

となりの部屋から啓子の喘ぎ声が聞こえていましたから、こちらの声も届いて
いたかもしれません。

「あ、やン、イクっ、イッちゃう！」

クリトリスを集中的に責められると、全身がふわふわしだし、頭の中が真っ白

になりました。

そしてとうとう、教え子に口戯で絶頂へと導かれてしまったんです。

「あ、ひぃぃっ！」

「はあはあ、はあっ」

心地いい快楽の余韻にひたっていると、衣擦れの音が聞こえ、うっすら目を開ければ、戸田くんは真っ裸になっていました。

股間から突き出たペニスは天に向かってそり勃ち、サイズは夫のものよりひと回りもふた回りも大きかったんです。

「ああっ、ぼくのもしゃぶってください」

彼は私の体を跨ぎ、ペニスを口元に突き出しました。

汗と獣じみたにおいが鼻先をかすめた瞬間、理性やモラルは完全に消し飛んだのではないかと思います。

私は自らペニスを握りしめ、大口を開けて咥え込んだんです。

「あっ、くっ」

戸田くんが驚きの声をあげるなか、首をS字に振り、唾をたくさんまぶしてしゃぶり回しました。

しかも、自分の指でひりつく女芯を慰めていたんです。

「お、おおっ、先生……いい、気持ちいいです」

もっと気持ちよくさせたいと、奉仕の精神が込み上げ、頬をすぼめてジュッパジュッパと猛烈な勢いで吸い立てました。

あんな激しいフェラチオは、夫にさえ見せたことはありません。

戸田くんは顔をしかめてこらえていましたが、太腿の筋肉が震えだし、口の中でのたうつペニスは早くも脈打っていました。

「ああっ！　もう我慢できないです！」

彼は大きな声で告げると、口からペニスを引き抜き、次の瞬間には亀頭の先端が割れ目にあてがわれていました。

「い、入れますよ」

「あ、あ、あ……」

ペニスが侵入してきたときの快感は、いまだに忘れられません。鉄のように硬く、がっちり張り出したカリ首が気持ちいいとこをこすり上げるんです。

「いやぁあっ」

身を硬直させた瞬間、ペニスがズブズブと埋め込まれ、巨大な快感の高波が次から次へと打ち寄せました。

「ああっ、入った。入っちゃいました！」

「くふっ！」

心地いい一体感にうっとりしたのも束の間、戸田くんはしょっぱなから凄まじい腰振りでペニスの抜き差しを繰り返しました。

「ひぃぃっ」

若い男の子の精力って、ほんとうにすごいんですね。迫力と無尽蔵のスタミナには驚くばかりで、私はシーツに爪を立て、顔を左右に打ち振りました。

「ぬぉおっ！」

戸田くんが歯を剝き出し、怒濤《どとう》のピストンを繰り出すなか、子宮の奥が甘く疼き、私も高らかな声をあげていました。

「いい、いいっ、やっ、やぁあっ！」

「あ、せ、先生、そんなに腰を動かしたら……」

自分ではまったく覚えていないのですが、あとで聞いた話によると、私は両足で踏ん張りながら恥骨を振り回し、ペニスをギュウギュウに引き絞っていたようです。

「イクっ、イッちゃいますよ！」

「いいわ、イッて、そのまま出して！」

「い、いいんですか!?」

「今日は安全日だから、中に出してぇえっ」

「ぐ、おおっ！」

「や、はあぁあっ！」

スライドがいちだんと加速し、あまりの快感に体が海老ぞりました。

次の瞬間、亀頭の先端が子宮口をガツンと小突き、快楽の海原に投げ出されてしまったんです。

「ああっ、イクっ、イキますよ」

「私もイクっ、イクイクっ、イックぅぅぅ！」

「ぐ、おおぉっ！」

熱いしぶきが膣の奥に放たれたあとは、記憶が定かではありません。彼のペニスはなえることなく、なんとそのまま二回戦に突入し、逞しいモノでガンガン突かれ、激しく乱れてしまいました。

数限りないエクスタシーを迎え、最後は失神状態に陥《おちい》ってしまったんです。彼らは深夜に帰っていきましたが、朝起きたときに啓子と顔を合わせたときはさすがに気まずい思いをしました。

その日以降、彼女とは連絡をとり合っていませんが、戸田くんとは再会の約束をし、いまだに禁断の関係が続いています。

田舎の盆踊りで懐かしい元カノと再会 学生時代は叶わなかった夢の初体験……

佐野倫也　会社員・三十五歳

お盆休みを利用して実家に帰省したときの話です。妻は私の母と折り合いが悪いので、自分の実家へ小学二年生の息子を連れて帰省することになりました。

母は孫に会いたかったようで愚痴を言われましたが、「それならあいつと仲よくしろよ」と私がキレると、それ以上はなにも言わなくなり、あとはもう自分の息子、つまり私に愛情を注ぐことに決めたようでした。

朝昼晩とご馳走がテーブルに並び、お盆休みの間に体重が一気に増加しそうな気配でした。

でも、いつもは妻に厳しく健康管理をされていた私は、お盆休みの間ぐらいいいだろうと、一日中、食っちゃ寝、食っちゃ寝の時間を過ごしていたんです。

そんな私を見かねて、父が言いました。

「せっかく帰省してきたのに、家でごろごろしてばかりいてもったいないじゃないか。今夜はお寺さんで盆踊りがあるから行ってきたらどうだ?」

うちの近所にお寺があり、そこの駐車場で毎年盆踊りが開催されるんです。実家に住んでいるときは毎年、楽しみにしていたものです。

そのことを父は覚えていたようでした。

「そうだね。じゃあ、散歩がてら、ちょっと行ってみようかな」

昔はいつも友だちといっしょに行っていましたが、お盆休みでゆっくりしているときに誘い出すのも気が引けて、一人で行くことにしました。

ずっと冷房のきいた家の中にいたので、外に出ると、もわっとした真夏の空気が私をとり囲みました。

蒸し暑いのですが、もう日が暮れていましたし、かすかに風があり、道の両側の田んぼから蛙《かえる》の鳴き声が聞こえたり、林のほうから虫の音が聞こえてきたり、なかなかいい風情《ふぜい》です。

ようやく田舎に帰ってきたという気分になりました。

そんな田舎道をのんびりと十分ほど歩いていくと、盆踊りの音楽が聞こえてきました。地元特有の音頭《おんど》で、それを聞くのは久しぶりだったので、なつかしい気持ちになり、自然と私の歩みは速くなってしまうのでした。

会場に着くと、駐車場の真ん中に作られた櫓《やぐら》の上で太鼓を叩いていて、その周りを大勢の人が踊りながら回っています。暗い夜道を歩いてきた分、盆踊り会場はすごく明るく華やかに感じられて、なんだか不思議な気分でした。

中高生のころは私もその輪に入って踊っていましたが、いまは友だちがいっしょではないので恥ずかしいし、もうまく踊れる自信もなかったので、踊っている人たちをぼんやりと眺めていたんです。

すると、その踊りの輪の中にいた女性がこちらに向かって手を振っているのに気がつきました。その女性は、遠目にもなかなかの美人です。

後ろを振り返ってみましたが、そこには誰もいません。それが誰だかわからずに目をこらして見ながら、自分を指さして「俺?」とジェスチャーでたずねてみたら、向こうは笑いながらうなずき、私のほうに走ってきました。

「なに、不思議そうな顔で見てんのよ」

その声を聞いてようやくわかりました。それは私が高校生のときにつきあっていた元カノの今日子《きょうこ》でした。

今日子は私が生まれて初めてつきあった女性です。といっても、肉体関係はありません。というか、初体験してみたくてたまらなかった私が性急に彼女の体を求めたせいでふられてしまったんです。

そういう気まずい別れ方をしたので、その後は連絡をとり合うこともなく、高校を卒業してから会うのは初めてでした。

「久しぶりね。元気だった?」

そうたずねる彼女は女子高生だったころの面影を残しながらも、美しい大人の女性になっていました。髪も長くなり、ちゃんと化粧をして、体つきもすごく女性的なフォルムになっているんです。

「うん。今日子ちゃんは美人になったね。色気もすごいよ」

私が正直に言うと、彼女はてれくさそうに笑いました。

「なに言ってんのよ、恥ずかしいじゃない。そういう佐野《さの》君は、けっこう貫禄が出たわね」

「まあ、体重は高校生のころからだと十キロ以上は増えたからね」

「幸せ太りってやつ？」

彼女の視線は私の左手の薬指にはめられた結婚指輪に向けられていました。

「ああ、これ？　まあ、幸せと言えなくもないかな」

そう言って私も彼女の左手に視線を向けました。彼女の左手の薬指にも、結婚指輪がはめられていました。

私の視線に気づいた彼女が言いました。

「五年前に地元の人と結婚したの。子どもはまだ。佐野君の奥さんはいっしょじゃないの？」

そう言って周囲を見回す彼女に私は言いました。

「女房は自分の実家に帰省してるんだ。俺は一人で帰省してて、暇だから盆踊りに来てみたってわけ。今日子ちゃんの旦那さんは？」

「うーん……あの人はこういうの、あんまり好きじゃないの。だから私も一人で来てるの。そうだ、ビール飲もうよ。踊ったら喉が渇《かわ》いちゃった」

夫婦仲がうまくいっていないのか、旦那さんのことはあまり話したくないようだったので、私はそれ以上たずねることなく、二人でビールを買って、会場の隅のほうの石の階段に腰かけました。

そしてビールを飲みながら、二人がつきあっていたころの思い出話に花を咲かせていたんです。

「先に告白したのは佐野君だったよね」「でも、好きになったのは今日子ちゃんのほうが先だろ?」「初めてのデートはどこそこで」「そうそうこんなことやあんなこともあったよね」

なんて話しているうちに、話は必然的に、二人が別れるきっかけになった夜の出来事にたどり着きました。

母親が用事で出かけていて家に誰もいないとき、私は彼女を自分の部屋に呼んで、ベッドに押し倒してしまったんです。

高校生の私はセックスに対して興味津々《しんしん》で、とにかく早く童貞を卒業したかったんです。当然、彼女も私を受け入れてくれると思っていたのですが、ものすごく抵抗されてしまいました。

いやよいやよも好きのうち、という言葉を覚えたばかりだった私は、それでも強引に彼女にキスをして、胸をもみました。

そしたら彼女が泣き出してしまったんです。

「私、そんなつもりじゃなかったの。こんなのいや……」

女性に泣かれたのは初めての経験だったので、私はそれ以上なにもすることができなくなり、彼女に背中を向けて「ごめん」と謝るのが精いっぱいでした。

そんな私の背後で服装の乱れを直すと、彼女は無言で帰っていきました。

そして、その日以降、私と彼女は一言も言葉を交わすことなく卒業して離ればなれになってしまったのでした。

「あのときはごめん。今日子ちゃんの気持ちを考えなくて。俺一人で盛り上がっちゃって……」

私の言葉をさえぎるように、彼女は私の手をつかみました。

「ううん。謝るのは私のほうよ。私、ほんとうは佐野君に処女をあげたかったの。でも、ちょっと怖かったし、そんなことを言うのは恥ずかしいから、いったんは拒否しようと思ったの。だけど、佐野君は簡単にあきらめちゃって……」

「え？　それ、ほんと？」

私は猛烈に後悔しました。もしもあのとき、もう少し強引にいっていれば、そのあとの人生が大きく変わったかもしれないんです。

「それでね。私、ずーっと後悔してたの。だから、あの続きをしない？　私はもう処女じゃないけど……」

「いいの？」

「佐野君がいやじゃなかったら」

もちろん私がいやなわけはありません。高校生のころの彼女もすごくかわいかったけど、いまのほうがずっと色っぽくて、女性としての魅力は増しているんです。

「でも……どこでしたらいいんだろう？」

田舎なので近くにラブホテルなんかありません。すでに酒を飲んでいたので車の運転はできないし、タクシーも走っていません。彼女の家には旦那さんが、私の家には両親がいます。セックスする場所なんか、どこにもないんです。

するると彼女は私の手をつかんだまま立ち上がりました。

「森の中なら大丈夫よ」

そう言って私の手を引いてお寺の裏の森の中に入っていくんです。

森の中の小道は真っ暗でしたが、少し歩くと目が慣れてきました。そして盆踊りの音楽がかすかに聞こえる程度のところまで行くと、ちょっとした休憩スペースのような広場に出ました。

そこで彼女が立ち止まり、私のほうを振り返りました。

「ここなら誰も来ないわ」

地元でずっと暮らしていた彼女は、以前にもここでセックスをしたことがあるのかもしれません。

高校生のころの私なら嫉妬《しっと》するか、いじけるかしたでしょうが、私ももう三十五歳。彼女のいままでの経験をすべて呑み込むことができました。

「ずっと好きだったよ」

私は彼女をきつく抱き締めました。すると彼女の乳房がむにゅむにゅと私の胸に押しつけられ、そのボリュームとやわらかさに私はうっとりとしてしまうのでした。

「ねえ……キスして」

彼女が顔を上げて私の目をじっと見つめます。もちろん私は彼女にキスをしてあげました。

彼女に襲いかかった高校時代のあの日も、いちおう、キスはしたのですが、そのときの彼女の唇は堅く閉じていて、なんの情緒《じょうちょ》もないものでした。だけど、三十五歳になったいまのキスは全然違います。

彼女の唇はすごくやわらかくて、切なげな吐息がその間から洩れていて、簡単にその唇をこじ開けて舌をねじ込むことができました。

「はんん……んんん……」

彼女は吐息を洩らし、私の舌に自分の舌を絡めてきました。二枚の舌がぴちゃぴちゃと音を立て、彼女の荒くなった鼻息が私の頬をくすぐるんです。

最高のキスでしたが、三十五歳の男はそれだけでは満足できません。

私はキスをしながら彼女の乳房をまさぐりました。

最初はTシャツの上から。でも、すぐに物足りなくなり、Tシャツの中に手を入れてブラジャーを押し上げるようにして、直接もみしだきました。

そのとき、私の耳元を「ブーン」といやな音が通り過ぎていきました。とっさに体を離すと、彼女はけげんそうにたずねました。

「どうしたの？」

「蚊が……」

私が手で払うようにして言うと彼女はおかしそうに笑い、ポシェットの中から小さなスプレー缶をとり出しました。

「これ、虫除け。私はもうかけてるから、佐野君にもかけてあげるね」

そう言って私の腕にスプレーをかけると、Tシャツをめくり上げて胸や背中にもかけはじめました。

それがけっこうくすぐったくて、同時になんだか気持ちいいんです。

「さあ、ズボンをおろしてよ。あれにもかけてあげるから」

「え？　だけど、これって口に入ると害になるんじゃないの？」

私の問いかけに、彼女は顔を赤くしました。

「そうね。あれにはかけないでいいね。だって、外気にふれてる時間はそんなに長くないと思うから」

そう言うと彼女はその場に膝をつき、私のベルトをはずしてズボンとブリーフを一気に引っぱりおろしました。

「うわ……すごい……」

彼女は目を見開き、驚きの声を洩らしました。私のペニスはバナナのようにそり返り、力がみなぎりすぎてピクピクと細かく震えているんです。こんなになることは最近ではほとんどありませんでした。まるで高校生のころに戻ったようです。

調子にのって、私はペニスをビクンビクンと動かしてみせました。

「はぁぁぁん……なんていやらしいの！　もう我慢できないわ」

彼女はペニスをつかんで先端を自分のほうに引き倒すと、そのままパクッと口に含んでしまいました。

「うっ……ううう……気持ちいいよ」

温かな粘膜で包み込まれて、強烈な快感が私を襲いました。

彼女は私の顔を上目づかいに見ながら、首を前後に動かしはじめました。すると快感はさらに強烈になり、私は体をくねらせながら情けない声を出してしまうんです。

「あぁ……ダメだ……そんなにしたら……もう……」

だけど、そんな私の反応がおもしろいといったふうに、彼女はさらにしゃぶる勢いを激しくしていくんです。

このままだといきなり射精してしまいそうです。

私はあわてて腰を引きました。すると彼女の口から抜け出たペニスが勢いよく頭を上げて、あたりに彼女の唾液をまき散らしました。

「どうしてやめさせるの？」

不満げな彼女に私は言いました。

「今度は俺が気持ちよくしてあげるよ」

私は彼女の腕をつかんで立ち上がらせると、彼女のスカートをたくし上げ、その奥へ手を差し入れました。

指先で下着に包まれたやわらかなふくらみをグリグリと刺激した瞬間、彼女は切なげな声を洩らして私にしがみついてきました。

「あっはああん……」

「気持ちいいの？　じゃあ、直接さわってあげるよ」

私は彼女のパンティの中に手を入れました。指先が陰毛にふれ、さらに奥まで入れると、温かくてぬるぬるしたものの間に指がすべり込みました。

「あっ……」

彼女がピクンと体をふるわせました。

「すごいよ。もうこんなに濡れちゃって」

「それは汗よ。今夜って熱帯夜だから……」

「ほんとにそうかな？　汗でこんな音する？」

膣の入り口あたりに押しつけた指先を小刻みに動かすと、くちゅくちゅと音がするんです。

「ああん、エッチな音がしてる。恥ずかしい……あああん……」

「このマン汁を指ですくって、ここに塗りたくるようにすると……」

と言いながら、私は彼女のクリトリスを指先でこね回しました。

「あっ、ダメ、あああん……そこは気持ちよすぎちゃう。あああん……」

彼女はさっきの私よりもさらに情けない声を出し、その場にしゃがみ込んでしまいました。

「なんだよ。もっとさわってあげようと思ってたのに。ほら、お尻を上げて」

彼女を四つん這いにすると、私はスカートを腰の位置までめくり上げて、パンティを引っぱりおろしました。

あたりは暗いのですが、それでも月明かりで彼女のお尻の穴とオマ〇コがはっきりと見えました。

さらに、両手でお尻をつかんで親指に力を込めると、ぴちゅっという音とともに肉びらが剝がれ、マン汁にまみれたその奥までまる見えなんです。

「すごくきれいだよ」

「あああん、いや……見てないで、いっしょに気持ちよくなろうよ」

彼女は顔をこちらに向けて言いました。

きれいな顔とお尻の穴とオマ〇コを同時に見て、私のペニスは痛いほどに勃起していくんです。もうじらすこともできません。

「いいんだね？　入れるよ」

私は彼女のお尻のすぐ近くに体を寄せて、ペニスの先端をぬるぬるになった場所に押しつけました。

「あああ……入ってくる……」

「ううう……ああ、気持ちいい……あああ……」

私のパンパンにふくらんだペニスがぬるりと根元まで突き刺さりました。

「あああん、奥まで当たるぅ……動かして……はあああん」

「いいよ。ぼくのペニスでいっぱい気持ちよくなって」

私は彼女の腰のくびれをつかみ、前後に激しく腰を振りはじめました。すると彼女の媚肉がペニスにねっとりと絡みつくんです、

ペニスを抜き差しするのに合わせてびらびらがめくれ返ったり巻き込まれたり……。それはいやらしすぎる眺めです。

それにこれは十七年越しのセックスだと思うと、快感は肉体に受けるものの数倍になってしまうんです。

彼女も同じなんでしょう。私が子宮口を突き上げるたびに、髪を振り乱して悩ましい声を張りあげます。

「あああ、もう……もうダメだ……ああ、もうイキそうだよ」

すぐに射精の予感が込み上げてきました。

「私も……あああん……イク……ああああん！」

「あ、出る！」

ズンと力いっぱい突き上げた次の瞬間、私はジュボッという音をさせながらペニスを引き抜きました。

と同時にペニスの先端から精液が噴き出して、彼女のお尻に飛び散りました。

中出ししなかったのは、寸前で自分たちが既婚者であることを思い出したからです。そのことに対して、彼女はなにも言いませんでした。

そして私が彼女のお尻に飛び散った精液をティッシュできれいにぬぐってあげると、彼女はその場に立ち上がって服装の乱れを直してから言いました。

「すごくよかったわ。これで引きずってた思いを断ち切れそう」

そのときにはもう太鼓の音は聞こえてきません。盆踊りは終わってしまったようでした。

そして私たちは連絡先も交換することなく別れました。

彼女と〝初体験〟がようやくできたことがうれしかった反面、青春が終わってしまったようなさびしさもありました。

第四章

熱狂的に肉悦を追い求める淫蕩な人々

素人告白スペシャル
真夏の絶頂不倫旅

還暦を迎えた六十路熟主婦の淫靡な秘密
夜の露天風呂で熟年男に秘芯を責められ

島田さやか　主婦・六十歳

夫も私も還暦を迎えました。息子たちもとっくに独立して孫も四人います。夫は早期定年退職して、いまは気楽な嘱託《しょくたく》の身ですから、休日には夫婦で旅行に出かけます。体がまだ元気なうちにいろんなところに行っておこうと思っているのです。

よく旅先でケンカする熟年夫婦の話を聞きますが、ずっといっしょに行動するからいけないのだと思います。延々と同じ顔を突き合わせていれば、ケンカになるのも当然でしょう。

私たち夫婦は旅先ではいつも別行動です。ホテルや旅館はいっしょですが、昼間はそれぞれお互いの行きたいところに行きます。夫は歴史や神社仏閣が好きですが、私はあまり興味がなく美術館や工芸品が好きですから、別行動が理にかなっているのです。

そのときも私は旅先の夏の温泉地で一日陶芸教室に参加していました。そこで鈴木《すずき》さんという同年代の男性と知り合って、粘土をこねながら楽しくおしゃべりしました。

数年前に奥さんを亡くして一人で旅行しているという鈴木さんは、好みのタイプとでもいいますか、どうせいまだけのつきあいと思いながらも仲よくなりました。でもまさかその人と体を合わせることになるとは思ってもみませんでした。

陶芸教室を終えて旅館に帰り、城跡見物から帰った夫と食事をしましたが、一日歩き回っていたという夫は疲れもあってか、ちょっとのお酒で酔ってしまい、せっかくの温泉にも入らずそのまま寝てしまいました。

そして、一人で大浴場に向かう廊下で、私は鈴木さんと会ったのです。びっくりしました。確かに陶芸教室でのおしゃべりで、まだ宿を決めていないという鈴木さんに、この旅館のことは話しましたが、まさかほんとうに来るとは思っていなかったのです。

その旅館には、露天の家族風呂があり、それがセールスポイントの一つでした。庭に面した小さめのお風呂ですが、開いてさえいれば予約なしで入れますし、表の札を使用中にしておけばほかの人が入ってくることはなく、貸切にできるのです。去年来たときに夫といっしょに入りましたが、ほかの人に気兼ねする必要がないのでなかなかいいものです。

ただ、それなりに広い旅館ですし、庭を挟んで大浴場と反対側にあるので、初めての人には場所がわかりにくいかもしれません。常連でも、そんなものがあることを知らない人がいるようです。

陶芸教室で話したとき、鈴木さんも貸切露天に興味を持ったようでしたが、いま向かっているのは大浴場でした。

「あ、貸切露天を探しているなら、反対側ですよ」

おせっかいでしたが私はそう言いました。

「そうでしたか。どうも昔から方向音痴なもので」

鈴木さんはそう言って苦笑というかてれ笑いを浮かべました。好感の持てる笑顔でした。ちょっとかわいい、などと言うと怒られるでしょうか。

「案内しましょうか」

ついそう言ってしまった私は、鈴木さんと連れだって、庭を囲む廊下をいっしょに歩きました。はたから見ればふつうに夫婦に見えたかもしれません。

「はたから見たら夫婦に見えるんでしょうか？」

鈴木さんが私の心中を見透かしたように同じことを言ったので、思わずどぎまぎしてしまいました。

そのせいもあったと思います。貸切露天の小さな引き戸の前まで来たとき、「いっしょに入りませんか？」と言われて、即座に拒絶することができませんでした。

迷っているように見えたのか、そのすきにつけ入るように鈴木さんは私の手を握りました。私はやはりその手を振りほどくことができず、そのまま引っぱり込まれるようにいっしょに入ってしまったのです。

脱衣所で抱きすくめられて、唇を奪われました。そんな強引さも男性的な魅力に感じてしまい、私はもうすっかり鈴木さんのことが好きになってしまったんだなと自覚せざるをえませんでした。

思わずうっとりしてしまうような情熱的なキスでした。好意を自覚したことで私のスイッチが入ってしまったのかもしれません。

侵入する舌で唾液を送り込まれました。男くさい香りに体の芯がじんとしびれました。でもこのまま行為に溺れてしまうことには抵抗がありました。

「あ、ああ……待って。お風呂でしょ？　お風呂に入るんでしょ……」

私はやっとそれだけ言って、両腕を突っ張って鈴木さんを引き離しました。彼も納得してくれたようで、抱きすくめた腕から力が抜けました。

鈴木さんの視線を背中に感じながら浴衣を脱ぎました。夫以外の男性の前で裸身をさらすなんていつ以来でしょう。どうしようもない羞恥心にそのまま消え入りたいくらいでした。

二人で露天風呂につかりました。家族風呂ですから、そんなに大きなものではありません。向かい合って入るとお互いの脚がぶつかり絡み合います。

「並びませんか。こっちからのほうが庭がよく見えますよ。月も出てます」

私は言われるままに鈴木さんの横に移動しました。でもお湯を楽しむとか、月光に照らされる庭の景色を楽しむとかいう余裕は、私にはありませんでした。

やがて鈴木さんの腕が私の肩に回され、抱き寄せられました。

「あ……」

また唇が押しつけられます。今度は私のほうからも舌を絡ませました。お互いの唾液が行き来して泡立ちます。いまさら抵抗しても、あるいはとりつくろっても仕方ありません。それよりも私が考えていたのは、このまま最後までするこ とになるんだろうか？ということでした。

セックスを最後にしたのはいつのことか、もう正確には思い出せないくらい前であることはまちがいありません。これだけ長くしていないと、ちゃんとできるのかどうか自信がなくなるものです。

鈴木さんの手が、私の胸に伸びました。授乳を経験した乳房は、若いころのような張りは失われています。ふだんは当然のこととして受け入れていることでしたが、男の人にさわられて、それがとても残念なことに思われました。

「しなびちゃってて、恥ずかしい……」

思わずつぶやきましたが、鈴木さんは薄く笑って首を振りました。

「昔はさぞかし立派で魅力的なおっぱいだったんでしょうね。でもこれも全然悪くありませんよ」

　そう言うと、鈴木さんは両手でわしづかみにした乳房をもみしだき、顔を埋めて乳首に吸いつきました。

「ああ、あん……！」

　久しぶりの快感でした。電気が走るように、ビリっと全身に響きました。ずっと使われていなかった私の性感神経はけなげにも健在だったようです。

「ああ、ああ、ああ……」

　いとしさが募り、両腕で鈴木さんの頭をかき抱きました。彼の呼吸が苦しくなるくらいの力がこもってしまったかもしれません。

　それでも乳房と乳首への愛撫は少しもゆるみません。鈴木さんは、それこそ母乳を求める乳児の切実さで私のおっぱいにむしゃぶりつきつづけてくれました。ずっと忘れていた、肉体を求められる喜びが胸に溢れました。

　乳房への愛撫はそのままに、彼の手がお湯に沈み、下半身に伸びます。膝頭から内腿をなでさすりながら股間へと至りました。

「あん……！」

思わず大声を出してしまうような強い刺激でした。股間がまさぐられ、指先が閉じた陰唇を押し広げ、膣口からクリトリスまでをなで上げました。

「ああ、ああ、あ、あんん！」

背筋を快感が貫いて、思わずそり返りました。お湯底の床面でお尻がすべり、はからずも股間を彼の手に押しつけるようになってしまいました。

「はああん！」

また大きな声を出してしまいました。庭に響くんじゃないかと不安になるレベルでした。でも鈴木さんはそんな心配は全然していないみたいで、膣口に向かわせた指を膣内に侵入させるのでした。

そこはすでにたっぷりと愛液を蓄《たくわ》えていたようで、お湯の助けもあってか、ほとんど何の抵抗もなく深々と挿し込まれた指が一気に最奥部に届きました。

「ああ！　ひいい！」

私は自分の両手で口をおおって、これ以上大声を響かせないように、必死でこらえなくてはなりませんでした。

「うぐ、うぐぐ、ううう……！」

鈴木さんは容赦《ようしゃ》なく膣内で指を暴れさせ、恥骨の裏を探るように刺激します。女の敏感ポイントをよく心得ているようでした。私は、びくびくと腰を痙攣させながら、いいように翻弄されるのでした。

このまま絶頂に追いやろうとしているのか、鈴木さんの指技はどんどん激しさを増し、快感もどんどん大きくなりました。

温泉でのぼせた体が快感にほてり、さらに両手で口をおおっているせいで酸欠気味の私は、そのまま気を失ってしまうのではないかと不安になりました。

「ちょ、ちょっと待って。待ってください。く、苦しい。ちょっと、休ませてください……！」

息も絶えだえに訴える私の様子に、さすがに鈴木さんも愛撫を止めてくれました。湯につかったまま、ぐったりしている私を優しく抱え上げ、露天風呂の縁石に腰かけさせてくれました。

夏とはいえ山の夜気は涼やかで、ほてった体を冷ましてくれます。なんとか人心地つくまで、鈴木さんは湯船に半分つかりながら見守ってくれていました。

そこで初めて気づいたのですが、鈴木さんの位置からだと、露天風呂の縁石に腰かける私は、ちょうど股間を相手の眼前にさらしているのでした。

「いやだ……だらしなくて、ごめんなさい」

あわてて両脚を閉じましたが、しっかり見られていたようです。

「こっちこそすみません。不謹慎《ふきんしん》ですが、いい眺めを楽しませてもらいました」

冗談ぽく笑う鈴木さんを恨《うら》めしくにらみつけながら、私はまたどうしようもない羞恥心に身悶えしたくなりました。手入れもろくにせず、陰毛が伸び放題になっているところをしっかり見られてしまったなんて。

せめて湯船に身を沈めようとしましたが、身を乗り出した鈴木さんが両膝を押さえつけて、かないませんでした。それどころか、閉じた両脚を再び開かせようとします。

「隠さないで！　もっとよく見せてください」

そんなことを言われても、はいそうですか、と応じるわけにはいきません。

「いやっ！　そんな、恥ずかしい……！」

必死で抵抗しましたが、ただでさえのぼせて脱力気味の私が、男の人に力で勝てるわけがありません。両脚を開かせられ、股間が再びさらされます。

「恥ずかしいです……！」

でもそんな抵抗すらできなくなりました。それというのも、鈴木さんが股間に頭を突っ込んで陰唇に口づけしたからです。

「はぁぁん……！」

とろけてしまうような快感が全身に広がりました。

「ああ、でも、だめ……」

それでも、このまま身を預けてしまうのはやはり恥ずかしく、私は必死で脚を閉じようとしました。

「ちょっと、やめて。そこ、そんなこと……！」

でもいくら脚を閉じても、鈴木さんの側頭部をむだに内腿で締めつけるばかりで、相変わらず彼の舌技は繰り出され、女陰は思うさまになぶられつづけているのでした。

そして鈴木さんは、身を乗り出してクリトリスに吸いつきました。

「ああ！」

電気が走るみたいな快感が、体全体をしびれさせます。

「そこ、だめ。そこ感じるから。感じすぎちゃうから……！」

後ずさって刺激から逃れようとしましたがむだでした。鈴木さんは腕を回して私の尻を抱え込み、逃がしてはくれません。

「ああ、き、気持ちいい。どうにかなっちゃいそう……！」

すっかり観念するしかありませんでした。私はクンニリングスを受け入れ、舌先が生み出す快感に身をまかせました。

「ああ、ああ、あああ！」

また大声が出てしまい、手で口をおおって声が響くのを抑えなくてはなりませんでした。

さらに鈴木さんは、手を割り込ませて指先で膣口をいじりました。愛液を垂れ流しつづける膣口は、再びすんなりと指を迎え入れました。

「はうう……！」

またしても、指が膣内で暴れます。クリトリスと膣内のダブル刺激です。たまったものではありません。

「ああ、だめ。もうだめ。お願い、もうやめて。やめてください。イッちゃう。

私、イッちゃいます……！」

そんなふうに、私はいとも簡単に絶頂に追いやられてしまったのです。

「イク、イク、イク。もう、イッちゃう！　あああ！」

それだけではありませんでした。なんということでしょう。絶頂と同時に、私はおもらしをしてしまったのです。

失禁のほとばしりが、クリトリスに吸いついたままの鈴木さんの顔にまともにかかりました。膣内を攪拌《かくはん》する手指がしぶきを飛び散らせます。びしゃびしゃと縁石に跳ね返り、そのまま湯船に流れ込みました。

「ああ、たいへん。お風呂、汚しちゃった。だからだめって言ったのに。やめてってお願いしたのに……！」

自分の痴態、失態にほんとうに消え入りたい気分でした。

「大丈夫ですよ。かけ流しですから」

鈴木さんが笑いながら言いました。確かに豊富な湯量の温泉地ですから、源泉が常に供給されて、この程度の大きさの湯船なら一時間かそこらで全部入れ替わるのでしょう。でもそういう問題ではありません。

屈辱的な気分に思わず涙ぐんでしまった私を見て、鈴木さんはちょっとあわてたようでした。

「すみません。感じているところがあんまり魅力的だから、途中でやめたくなかったんです」

そこまで言われて、いつまでもすねているわけにもいきません。それでも、うつむいたままの私に、鈴木さんが優しくキスをしてくれました。

縁石に浅く腰をかけた私にすがりつくような体勢で抱きつきます。鈴木さんの手が私の膝の裏に添えられ、そのまま持ち上げられました。二人の股間が急接近しました。

鈴木さんの股間に目を向けると、ペニスはすでに勃起状態でした。私の夫と同じ歳のはずですが、年齢を感じさせない力強い勃起に感心すると同時に、期待に胸が高まりました。

彼のペニスが私の陰部に密着します。お互いの粘液が密着度を高め、こすれるだけで快感がありました。ああ、とうとうペニスが挿入される。期待した瞬間だったはずでしたが、ここにきて急に私は恐ろしくなりました。

小娘でもあるまいし、ペニスが怖いというわけではありません。ちゃんとセックスできるかどうかの不安もありましたが、クンニでイケたわけですし、いままたたっぷりと愛液を溢れさせているのですから、問題なくペニスを受け入れることはできるでしょう。

そういうことではなくて、夫への裏切り行為が恐ろしくなったのです。結婚以来何十年もそれなりに仲よくやってきたのに、ここで裏切るなんて。人の道にはずれることです。いま、同じ旅館の部屋で、同じ屋根の下で眠っている夫をよそに、こんなところでこんなことをしているなんて。

何をいまさらという気もしましたが、このままペニスを受け入れてしまったら、二度と夫の顔をまともに見られないのではないか、そう思ってしまったのです。残りの一生を罪悪感を抱えて生きるのは、やはり苦しいことでしょう。

「ねえ、やっぱり……」

やめませんか、ここまでにしませんか、と言おうとした瞬間に、亀頭が膣口を押し広げて、彼のペニスが私の膣内に侵入してきました。

「ひいい！　う、う、あうう！」

脳天に響くような快感に、頭の中が真っ白になりました。ペニスに貫かれて、アソコの中がいっぱいになりました。鈴木さんが腰を突き入れるたびに快感は増して、もう何も考えられなくなりました。

「あなた、ごめんなさい……」私は心の中で夫に何度も謝りましたが、それでも快楽をむさぼりつづけることをやめられなかったのです。

夏休みに遊びに来る天真爛漫な美従姉と童貞を卒業した最後の淡い想い出……

畠山翔　会社員・三十歳

毎年、汗をかくような夏の季節になると思い出すのは、干支《えと》でひと回り年上の従姉、沙紀《さき》姉ちゃんのことです。童貞卒業も含め、彼女こそが私にとってセックスの原体験といえる存在なのですから。

物心のついた小学校低学年から私が高校生になるころまで、お盆のころになると、沙紀姉ちゃんは東京の我が家を訪れ、数日間滞在するのが夏の恒例になっていました。

沙紀姉ちゃんは、いつもキャスターつきの大きなスーツケースを引きずって、田舎の家から長距離バスでやってきました。家に滞在している間は、朝早くからそのスーツケースとともに出かけ、夜になると戻ってくるというパターンを数日繰り返します。

沙紀姉ちゃんの目的は、毎年の夏に東京で開催される同人漫画誌を即売する一大イベントだったのでした。どうやら、その会場に行くには、私の家が都合のよい路線にあったらしいとも知りました。同人誌と言われても当時の私にはよくわからないものでしたが、スーツケースいっぱいに漫画が詰まってると思うと、大いに興味をそそられたものです。

両親が「沙紀ももう二十五歳なのにあんな趣味に熱中して、困ったものね」とか、「変な遊びを覚えるよりも、義兄《にい》さんたちはかえって安心してるだろ。見たところ、まじめな娘に育ってるし」などと会話していたのを覚えています。

私が小学校高学年になったあの夏休みにも、沙紀姉ちゃんはスーツケースを引いて、我が家にやってきました。

このころになると、沙紀姉ちゃんが家にいることが楽しみなような、迷惑なような私でした。というのも、ちょうどオナニーを覚え立てで、ひとりっ子だった私にとって、生身の若い女性は沙紀姉ちゃんしかいなかったからです。もちろん、従姉だという罪悪感も子ども心にありましたが、記憶の中の彼女の裸を想像して何度も放出したものでした。

ですので、その夏の日に、両親に用があり夜まで留守番をさせられたときは、心が穏やかではありませんでした。沙紀姉ちゃんは、例によって朝早くから出かけて、夕方にはスーツケースと紙袋を抱えて帰宅し、両親に頼まれていた夕食の支度を始めました。いまならどうということはないのですが、まだ子どものころでしたから、ひそかにオナニーの対象にしている彼女と二人きりとなると、まともに顔を見られません。

テーブルを挟んでの夕食時、沙紀姉ちゃんはそんな態度をとる私の顔をのぞき込み、笑いかけました。

「翔《しょう》クン、どうしたの？　今日は元気ないじゃん。留守中に何かあった？」

「え？　いや、別に何もないよ」

「ふーん、ならいいけど」

オナニーを気づかれたかもしれないと心配になった私は、あわてて話題をそらそうと子どもなりに考えを巡らせました。そして、ずっと気になっていたことを口に出したのです。

「沙紀姉ちゃん、あのスーツケースの中身って漫画だよね？　ぼくにも見せてよ」

すると彼女は、なぜかあわてたように答えました。

「ダメよ！　翔ちゃんにはまだ早いし、私も恥ずかしいから」

漫画の何が恥ずかしいのか、当時の私には理解できませんでしたが、今度は彼女のほうがソワソワしはじめ、互いに無口になったまま夕食を終わらせたのです。

それから私は、風呂に入ると言い残し、キッチンを出たのでした。

そして、忘れられないとんでもない出来事が起こったのです。

私が風呂につかっていると、隣の脱衣スペースで沙紀姉ちゃんが服を脱いでいる気配がしました。そのときは着がえと洗濯をするのかなと思いました。

ところが次の瞬間、沙紀姉ちゃんはまるで隠さず、堂々と浴室に入ってきたのです。

「私もお風呂入るねー」

目のやり場に困った私は、浴槽に沈めるようにして顔をそむけました。いつも想像するだけだった、年上の従姉の裸がいきなり目の前に現れたのです。どう反応すればよいかまるでわからず、もはやパニック状態でした。

シャワーを浴びる彼女を横目ですばやく観察しては、すぐに視線をそむける繰り返しでしたが、服の上からは想像できなかった白く豊かな胸、小さ目の乳輪のピンク色、股間の濃い茂みが記憶に焼きつきました。

また、ふだんはメガネをかけて地味な印象だった沙紀姉ちゃんの素顔が、意外にととのっていることにも、このとき初めて気づいたのです。

やがて体を洗い終わった沙紀姉ちゃんは、振り返って私に声をかけました。

「翔クン、体洗ってあげるから、お風呂から出なさいよ」

「え？　いいよ、自分で洗うから」

言うまでもなく、私の股間のモノは自分でも恐いくらいに硬くなっています。それを気づかれるわけにはいきません。

けれど、沙紀姉ちゃんは構わず浴槽に近づくと、私の手をつかんで引っぱります。

「それでもいいけど、いつまでもお風呂に入ってるとゆだっちゃうから、そろそろ出なさいよ」

強引に手を引く従姉に根負けした私は、股間を片手で隠して立ち上がり、浴槽を跨ぎます。

「もー、あっち向いててよ、沙紀姉ちゃん!」

そんな私の様子を見て気づいたのでしょう、沙紀姉ちゃんはからかうようにクスクス笑いました。

「私を見て、勃っちゃったんだ。男の子なんだし、別に恥ずかしいことじゃないよ。その手どけなよ」

「え? いや、ダメだって!」

逃げ腰になった私ですが、ここでも沙紀姉ちゃんは強引でした。

私の左手を、隠していた股間から無理やりに引きはがした沙紀姉ちゃんは、一瞬、目を見開き息を呑みましたが、すぐに真顔になりました。

「翔クンって、小学六年生だっけ? ふーん、もう一人前に皮が剝けて、毛も生えはじめてるんだね。それに、すごい硬そう」

そして、こちらが何か言いかけるよりも前に、痛いほどに勃起している私のモノに指先でふれたのです。

「わっ！　ダメだよ、沙紀姉ちゃんっ！」

たったそれだけの刺激で、私のモノはこれまでにない快感を伴って大きく脈打ち、白濁した精液を発射してしまいました。事前に伝える余裕などありません。精液は沙紀姉ちゃんの顎のあたりから肩や胸にまき散らされました。

さすがに驚いた様子の沙紀姉ちゃんは、困惑した作り笑いでバツが悪そうに言いました。

「はは、出ちゃったね。でも、これは二人だけの秘密ね？　お父さんやお母さんには内緒だよ。わかった？」

私としても、こんなことを誰かに言えるわけがありません。

逃げるようにして、風呂場を飛び出し、その夜は自室にこもった私は、翌日、沙紀姉ちゃんが田舎に帰ってから、やっとホッとすることができました。

それからも、夏になると沙紀姉ちゃんは、スーツケースを引いて我が家にやってきました。日中の行動も、例年どおりです。当然、毎日顔を合わせていましたが、まるで何事もなかったように仲のよい従姉弟として接してきましたし、私のほうも同様でした。しかし、あの風呂場の出来事を忘れたわけではありません。私はときどき、記憶の奥に仕舞い込んだあの体験を引っぱり出して、以前よりも頻繁にオナニーに没頭していたのです。

そして、風呂場の事件から五年後、某大学附属高校の三年生となり、推薦で進学が内定していた夏の話です。

その年もやってきた沙紀姉ちゃんを見て、私は「あれ?」と思いました。それまでのメガネからコンタクトに代え、長かった黒髪がセミロングの濃い茶に染められていたのです。そのせいもあって、それまでのどこか子どもっぽかった印象が、年齢相応の大人、それも魅力的な女性のイメージになっていました。

もっとも、例のスーツケースはいつもどおりでしたが。

そんな彼女がやってきて、三日目のことだったでしょうか。リビングで二人きりになったときに、私たちはなにげなく会話を交わしました。

「沙紀姉ちゃん、感じが変わったね」

「うん、私ももう三十だからね。イメチェンしてみたんだ。そういう翔クンも、来年から大学生でしょ？　ずいぶん逞しくなったじゃん」

　そんななにげない会話で見せる笑顔は、やはり私の知っている沙紀姉ちゃんのそれでした。

「いつまで家にいられるの？」

「今年は地元で用があるから、明日帰らないとマズイんだよねー」

　それから少し何かを考える顔になった沙紀姉ちゃんは、今年は新幹線で帰るからスーツケースを運ぶ荷物持ちとして、駅まで送ってほしいと言い出したのです。

　進学も決まっているし、こちらも暇でしたから断る理由はありませんでした。

　翌日の昼食後、両親に見送られて、私たちはタクシーに乗り込みました。ところが、沙紀姉ちゃんがドライバーに告げた行き先は、駅ではなく都内の盛り場だったので、私はどうしたのかと思い尋ねたのです。

「何か用事が残ってるの？」

「いつだったか、スーツケースの中の漫画を見たいって言ってたじゃない。帰る前に見せてあげようと思って」

　やがてタクシーは、ラブホテル街の近くで停まりました。

混乱した気持ちのままの私は、気がつくと沙紀姉ちゃんに手を引かれてラブホテルの一室で立ちすくんでいました。

広いベッドの上には、スーツケースからとり出した同人誌が数冊、広げられています。そのどれもが、俗に言うエロ同人漫画で、なかには有名漫画の男キャラクター同士が抱き合っているものもありました。

そのような同人誌があるとは知っていましたが、実物を見るのは初めてで、それ以上に、沙紀姉ちゃんがこんな本を買い込んでいたことがショックでした。

「でも、こんな趣味も今年で卒業よ。たぶん、来年の夏は翔クンの家には行かないと思う。そうそう出歩く暇も、なくなりそうだし……」

そう言った沙紀姉ちゃんは、最近知り合った男性と今年中には結婚するのだと、私に告げました。

「そ、そうなんだ。おめでとう」

「昔、お風呂場でのこと覚えてる？」

「うん、まあ……」

あいまいにうなずいた私に、彼女はあっけらかんとした口調で言ったのです。

「ごめんなさいね、あのころは私も経験がなくて同人誌で見るだけだった男の子への興味で、あんなことしちゃった。それで、翔クンがずっと中途半端な気分になったままだと悪いかなって気がしてたんだ」

そう言うと、この従姉は私にいきなりキスをしたのでした。

まだそういったことの経験がなかった私ですが、彼女の言葉の意味をなんとなく察して、体が自然に震えました。

あのときと同じように、私たちはいっしょに風呂に入ることにしました。

お湯につかりながら観察する沙紀姉ちゃんは、男を知ったせいか胸のボリュームがさらに増し、見た目だけで柔らかみと弾力の両方を感じさせました。腰のくびれが目立ったのは、お尻も大きくなったせいでしょう。記憶の中のそれよりも下半身の茂みの面積が狭くなっていたのは、その婚約者のために手入れしているのだと思いました。

「翔クン、おいで」

「うん……」

シャワーを浴び終えた沙紀姉ちゃんに手招きされた私は、少し躊躇《ちゅうちょ》しましたが、今回は股間を隠さず立ち上がりました。言うまでもなく、私のモノは天を向いてそり返っています。

「体だけじゃなく、こっちも成長したわねー。前に見たときよりも、ふた回りは大きくなったんじゃない？」

沙紀姉ちゃんは、いたずらっぽく笑いながら私のモノに手を伸ばし、頭の部分を優しくつまむような愛撫を加えました。

「くっ！」

私は歯を食いしばり、お尻の穴に力を込めて耐えます。

「夜の新幹線までたっぷり時間があるから、無理してがんばらなくてもいいのよ」

そして私のモノを握った沙紀姉ちゃんは、いきなり先端を口に含みました。

「ダメだよ、沙紀姉ちゃん！」

硬くなったモノを包み込む温かくぬめぬめとした感触に、私は頭の中が真っ白になり、何も考えられなくなりました。目眩《めまい》のするような快感の中、私のモノは脈動します。「まずい！」と思いましたが、もう止まりません。私は沙紀姉ちゃんの口の中に、精液を放出してしまったのです。

「うっ、うっ」

「ごめん、沙紀姉ちゃん」

彼女に怒られるかもしれないと思い、私は我ながら情けない声で謝りました。けれど、手のひらに私の放出したものをそっと吐き出した沙紀姉ちゃんは、逆にニッコリと私に笑顔を向けます。

「気持ちよかったでしょ？」

「う、うん」

「じゃあ、今度は私も気持ちよくしてね」

そう言うと、沙紀姉ちゃんは私にベッドで待つように告げたのでした。

手早くバスタオルを使った私は、言われたままに素っ裸でベッドに上がります。横になり、これから何が起こるのか想像すると、一度放出した私のモノは勢いを失うどころかいちだんと硬くなりました。

待つほどもなく、体の水気をぬぐいながら沙紀姉ちゃんが浴室から現れます。

彼女もまた、なにひとつ身につけていませんでした。

そのままの姿で私の隣で体を寄せた沙紀姉ちゃんですが、なにしろ初めてのことなので、こちらはどうすればいいのかわかりません。

そんな私の様子を察して、年上の従姉は気づかってくれたのでしょう。さりげない雑談という感じで、話しかけてきました。

「ねえ、翔クン、私の体を見てどう思った？」

「すごくきれいで、ドキドキした」

「ありがとう。でも、翔クンが見たのは女の子の外観だけなのよ。女の子のほんとうの部分、興味あるでしょ？」

そう言った沙紀姉ちゃんは、体を起こして座り直すと、私の目の前で大きく足を開いたのです。

茂みの中で半分口を開いたサーモンピンクの肉ひだが、私の視線を捕らえました。その合わせ目の上の部分では、少し色素の薄い小さな突起が、皮の間から先端をのぞかせているのがわかります。

さらに沙紀姉ちゃんは、指先で広げて見せてくれました。

その部分はすでに、ぬらぬらと濡れて光っているのがわかります。

「やだ、フェラやこんなことしているうちに、私も興奮してヌルヌルになっちゃった。まず、翔クンの童貞を卒業させちゃおうかな」

つぶやくように言った沙紀姉ちゃんは、私に抱きつき胸を押しつけながらキスをしました。カッと頭に血の上った私は、唇を合わせたまま彼女にのしかかり、懸命に腰を動かしますが、見当違いの場所にただ突き立てるだけです。

と、沙紀姉ちゃんは私のモノの根元を握ると、あの部分に誘導しました。

ヌルリとした温かさをモノの先端に感じ、私は夢中でさらに腰を進めます。

「ああっ！」

初めての感触に私は思わずうめき声を洩らし、沙紀姉ちゃんは目をつぶり白い喉を軽くのけぞらせました。

「翔クン、動いて」

「う、うん」

そう答えて二度、三度と出し入れしたときでした、沙紀姉ちゃんの中が急にすぼまったのです。その刺激に、ひとたまりもなく私は、彼女の中に二度目を発射してしまったのでした。

それでもつながったままでいる私の背中を優しくさすりながら、沙紀姉ちゃんはため息混じりに言いました。

「やっと宿題を終わらせて肩の荷をおろした気分だわ」

それが、自宅の風呂場の出来事を言っているのだとすぐにわかった私も、なぜか同じ気分になっておかしくなったのを覚えています。

私たちは、新幹線の時間まで何度も交わりました。

けれど、沙紀姉ちゃんとはそれが最初で最後の経験になりました。

この年の冬に、宣言どおり年上の従姉は結婚式を挙げ、それ以来、顔を合わせるのは数年に一度の、親戚の集まりや冠婚葬祭の場だけになっています。

あれから十年以上たったいまは、ふつうに仲のよい従姉弟の間柄で、お互いにまるで何事もなかったような顔をしているのです。

大人のおもちゃ・手錠・露出プレイ……初めての変態行為で濡れ悶えた不倫姦！

北村裕子　ＯＬ・三十六歳

都内在住の三十六歳のＯＬです。夫とは結婚して二年になりますが、実は私、不倫をしているんです。

相手は職場の上司で、結婚前からの関係が、結婚後も続いているのです。

相手の上司、柳《やなぎ》さんは私より七歳年上で、やはり結婚しています。

つまり、柳さんと私の関係はダブル不倫ということになります。もちろん周囲には秘密の関係です。この秘密の関係を、もう五年以上続けているのです。

その間ずっと、職場では上司と部下、裏では恋人同士という間柄でした。

お互いの結婚相手、そして職場の同僚たちにバレずに関係を続けるため、細心の注意を払ってきました。だから、二人で会える時間は極端に制限されました。

以前は二人で出張に行くこともありましたが、たとえ知っている人がいない土地でも、恋人同士になるのはあくまでもホテルの部屋の中だけと決めていました。

「誰がどこで見ているかわからない」

それが柳さんの口癖でした。

そのうえ、ここ数年はコロナもあって出張の回数も激減しました。

そんな私たちでしたが、去年の夏、たまたまお互いの家族が同じ時期に家を空けることになり、久しぶりに二人きりで旅行に行こうということになったのです。

避暑を兼ねて、鎌倉の老舗の宿を借りました。お互いの家族に対するアリバイ工作も完璧に用意して、ゆっくりと過ごそうとしたのです。

しかし、実際は、ゆっくりするどころではなかったのです。

柳さんは久しぶりに時間をとって私とセックスできるのがうれしかったのか、これまでにしたことがないような「変態っぽいこと」を私に迫ってきたのです。

「こんなのを持ってきたんだよ」

チェックインして部屋に入るなり、柳さんはバッグから何かをとり出しました。

「やだ……それって……」

私は思わず口を押さえました。ピンク色のそれは、明らかに「大人のおもちゃ」だったからです。

「どうだい？　興味あるだろ？　ピンクローターって言うんだ。気持ちいいぞ」

柳さんは、うれしそうに眼を光らせて、それを私に見せつけるんです。おもちゃには「興味がない」というよりは「怖い」という感覚のほうが強くありました。もしかしたら痛いかもしれないし、どれぐらい気持ちよくなるのかもわからないから、自分がどんな反応を相手に見せてしまうのかわからなくて不安です。

「こんなの、恥ずかしい……」

私がそう言っても、柳さんのほうがすっかりその気になっていました。

「大丈夫、大丈夫。せっかくの遠出なんだから特別なことをしなきゃね」

柳さんは私の体を抱き寄せて、ゆっくりと時間をかけてキスをしてきました。

「ん……」

こんなふうに、あとの時間を気にせずにディープキスをするのも久々です。私もおもちゃのことを忘れて、夢中で柳さんの唇をむさぼりました。

しかし、次の瞬間、私の体がビクッと大きく痙攣しました。急な刺激に全身が反応してしまったんです。

「あんっ……！」

見ると、柳さんの手にはあのピンクローターが握られていました。それを、私の胸に、着ていたベージュのワンピース越しにあててきたのです。

布越しなのに、振動が乳首を刺激してくるのを強く感じました。

「相変わらず、乳首の感度がいいなあ……」

柳さんの笑顔に、私は顔が熱くなってしまいました。

うろたえる私の体を、柳さんが畳の床に押し倒してしまいました。

「ああ、ん……」

私はあおむけになって、思わず太腿を広げた状態になってしまいました。柳さんがすかさず、そこにもぐり込んできます。

「やだっ……！」

私は太腿を閉じようとしました、遅すぎました。柳さんは私の脚の間に顔をもぐらせて、下着をずらしてあそこを露出させてしまったのです。

「まだ……シャワーも浴びてないのに……！」

季節は夏で、宿に来るまでの間にすっかり汗ばんでいました。しかし、柳さんは許してくれません。

「このにおいがいいんじゃないか……今日は思いっきり、羽目《はめ》をはずすぞ」

何か冷たいものが当たるのを感じました。柳さんがローターをクリトリスに当ててきたのです。まだ振動はしていませんでしたが、それでも体がビクンと大きく動いてしまうほどに感じてしまい、このままスイッチを入れられたら……。

「ちょっと、待って……ああっ！」

快感が電流のように全身を走り抜けました。クリトリスから頭のてっぺんまで、そして足の指の先まで、一気に貫いていったのです。

「ああっ！　いやあっ！」

私の両脚が、自分の意志とは関係なく、がくがくと震えだしました。

「大丈夫だよ。どんどん、気持ちよくなってくるからね……」

柳さんの声が遠くに聞こえるぐらい、私は感じてしまいました。

それまでに、柳さんとアブノーマルな行為をしたことはありません。隠れて関係するというだけで、ただのセックスでも背徳感があったからだと思います。

でも、このときは違いました。あまりにも関係が久しぶりだったので、抑え込まれていたぶん、柳さんは「それ以上のこと」を求めてきたのです。

柳さんが、ピンクローターをクリトリスから徐々に移動させて、あそこの穴の中に入れてきました。内側から感じる刺激はまた別物で、いつまでも感じてしまうのに、クリトリスみたいにすぐにイケないのです。

これは、ある意味で拷問のようでした。イキたいのに、イケないのです。

「止めて……お、おかしくなっちゃう……！」

振動が止まりました。柳さんが手に持ったリモコンのスイッチを切ったのです。

私が肩で息をしていると、またスイッチが入りました。

「あんんっ……！」

また刺激が体の内側から襲ってきて、私は悶絶しました。柳さんは私をもてあそぶかのように、何度もスイッチを入れたり切ったりをくり返したのです。

「こうすると、いやらしい気持ちが止まらなくなるだろう？　もっとすごいプレゼントがあるんだ。驚いてもらいたいから、目隠しするよ」

柳さんは、あおむけになったままの私の目にアイマスクをかけてきました。視界を奪われると、ローターの刺激がますます大きくなるように感じました。

「んくっ……！」

私を思わず声をあげました。膣内からようやく、ローターが抜かれたのです。

私の全身から力が抜けました。しかし、ローターを抜かれたばかりの敏感になっている性器に、またしても何かがふれるのを感じたのです。

「え……何？　……ああっ！」

私の中に、ペニスそのものとしか言いようがないものが入ってきました。

しかし、それは柳さんのものではなかったのです。それは偽物のペニス、バイブレーターだったのです。ピンクローターと同じで、これも初体験でした。

「こんなに簡単に呑み込んじゃうなんて……すっかり感じていたんだな」

柳さんの手につかまれたバイブが前後に動かされ、私の膣壁を責め立てます。

「あっ、やっ……だ、だめえ……！」

異物の感触は、初めのうちは恐怖でしかありませんでした。しかし次第にあそこになじんでくるというか、気持ちよくなってくるのです。そして、柳さんの手の動きにシンクロするように、腰が自然に動いてしまうのです。

「何言ってるんだ、こんなにいやらしく腰を動かして……まだスイッチも入れていないんだぞ?」

柳さんのうれしそうな声が聞こえてきます。自分でも、あそこがすっかり濡れているのがはっきりとわかりました。

こんなにも感じてしまうのは、視界を奪われていたからだと思います。たぶん人間は、感覚の一つが奪われると、その分、ほかの感覚が敏感になるのでしょう。柳さんがそれを知っているのか、それともただおもしろがってこんなことを私にしかけてくるのか……そのときの私は苦しくなるほど感じてしまったのです。

「だ、だめよ、もう……よして……!」

私がそう言ったとたん、凄まじい刺激が体の内側から襲いかかってきました。

柳さんが、バイブのスイッチを入れたのです。

「あぐ……ああっ! もう無理……!」

私は快感に耐えかねて、あそこの中にあるものを抜こうとしました。その私の両手が、柳さんにがっしりとつかまれてしまったのです。私の手首が、ガシャン! と何かで固定されました。いったい何が起こったのか、目の見えない私にはわかりません。

「手錠だよ。これも、興奮するだろう?」

私の両手首は繫がれて固定されてしまいました。視界を奪われたうえに、両手を動かす自由まで柳さんに奪われてしまったのです。

これからいったい何をされるんだろう? そう思うと、動悸《どうき》が激しくなってきました。そしてあそこの中にあるバイブから全身に広がっていく振動の快感も、どんどん大きくなっていくのです。まるで、しびれのようでした。

「んぶっ……!」

いきなり、前ぶれもなく私の口の中に何かが突っ込まれました。大きくて熱いもので口をふさがれて、喉の奥までいっぱいになったのです。

最初は何か、まったくわかりませんでした。しかし舌でふれているうちに、それが自分がよく知っているもの、柳さんのおち○ちんであることに気づきました。

「んっ……んっ……!」

私は夢中でおち○ちんにむしゃぶりつきました。

そうせずにはいられなかったのです。ここまでずっとおもちゃという無機物で全身を責められていた私は、柳さんの、本物のおち○ちんに飢えていたのです。

「……そんなにこれが欲しかったのか、そうか」

柳さんはそう言って、私の口に中に入れたペニスを前後させました。じゅぶじゅぶと大きな音を立てて、私の口の周りは唾液だらけになりました。

私はそれまで柳さんから、というかほかの男性からもですが、こんな乱暴なセックスをされたことはありません。夫は私を大切に思っていますから、いつも私の気持ちを気づかったセックスしかしてくれません。

でも私は自分自身でも気づいてはいませんでしたが、心の中ではずっとこんなふうに乱暴にされたかったのかもしれません。

そうでなければ説明がつかないくらい、このときの私は感じてしまったのです。

突然大人のおもちゃを見せられたときにはちょっと「引いて」いた私も、小道具を使われるたびに自分の殻が破られていくような、快感の引き出しが増えていくような感覚に陥りました。もしかしたら、私は「M」だったのかもしれません。

私の口の中からペニスが抜き取られました。そして、あそこの中でずっとうねうねとうごめいていたバイブも抜き取られたのです。

「はあ、はあ……」

私は胸を大きく波打たせて喘いでいました。しかし余韻にひたる間もなく、バイブを抜かれたばかりの、しびれるほど感じているあそこに、柳さんのおち○ちんが入り込んできたのです。目が見えないので、これもいきなりのことでした。

「あん、だめえ、気持ちよすぎる……!」

私は抵抗しようとしましたが、手錠をかけられているのでそれもできません。

そして確かに相手は柳さんのはずですが、目隠しされていると、ほんとうにこれが柳さんのおち○ちんなのかどうか、不安になってくるのです。でも不思議なことに、その不安がかえって気持ちよさにつながってしまうのです。

久しぶりの柳さんのおち○ちんは、「こんなに気持ちよかったっけ」と思うほど私の全身を快感で満たしてくれました。

もうあと少し……あと少しでイク……。

そう思っていたときに、突然、柳さんは腰の動きを止めました。そして私の膣内からおち○ちんを抜いてしまったのです。柳さんは私の目隠しもはずしました。

「ここでこのまま最後までイッちゃ、おもしろくない。せっかくの旅行だから」

柳さんはこれからひと風呂浴びて、鎌倉の街を見物に行こうと言ってきました。

私は、びっくりしました。もう少しで絶頂に達することができたのに……しかし柳さんは、さらにとんでもないことを私に提案してきたのです。

「下着はつけなくていい。そのままで、服を着て散歩しよう」

夏の暑い盛りで、私の持ってきたワンピースはどれも薄手のものばかり。それをノーブラ状態で着たら乳首が浮き出てしまいます。それに、お尻のラインだって下着で補正してないのがまるわかりになってしまう。でも、私は柳さんの言いなりでした。私自身も、そんなことをしてみたい気分になっていたのです。

出かける直前に、柳さんは私を呼び止めて、いきなり私のスカートの中に手を忍び込ませてきました。

「いったい、何を……ああんっ！」

私のあそこの中に、何かが押し込まれました。先ほどすっかり感じさせられてまだ濡れていたので、すんなりとそれは奥まで入ってしまいました。

「さっきのローターだよ。これをつけて散歩しよう」

柳さんはそう言って笑いました。

鎌倉の駅前から歩いてすぐのところに、人通りの多い商店街があります。柳さんはそこを、私に歩かせたのです。道行く人がみんな、私の胸に浮き出た乳首に気づいている気がして、恥ずかしくてたまりませんでした。それに、あそこに仕込まれたローターの感触、異物感で、歩くのすらままならないほどなのです。

「あんっ……！」

人込みの中で、私は思わず変な悲鳴をあげてしまいました。柳さんがリモコンでローターのスイッチを入れたのです。

私はしゃがみ込みそうになるのを必死でこらえて、歩きつづけました。

やがて、柳さんと私は、少し人込みから離れた場所までやってきました。

近くにお寺か神社があるのか、緑が生い茂った場所です。夕方近くとはいえ、夏なのでまだ明るい時間でしたが、そのあたりは鬱蒼《うっそう》とした森の中のようでした。

私はそこにあった大きな樹の近くに寄りかかりました。もう限界だったのです。

「こんな姿で……人込みの中を歩かせるなんて……いつもは、誰が見ているかわからないって言っているくせに……」

私は柳さんに抗議しましたが、柳さんは涼しい顔です。

「ああ、誰が見ているかわからないから、興奮するだろう？」

そう言って柳さんは、私の体を抱き寄せてキスをしてきました。お互いの唾液がたっぷりと混じり合う、いやらしいキスです。私の体から力が抜けていきます。

「ここで、最後までしようぜ」

柳さんが、私の耳元に熱い吐息とともにそうささやきました。ひと気がないと言ってもいつ誰がやってくるかわかりません。あたりもまだ完全に暗くはなってないのです。

でも、私は拒否することができませんでした。それほど感じていたのです。

柳さんが私の体を大きな樹に押しつけ、スカートのすそをめくり上げました。そして指先が入ってきたかと思うと、中に入っていたローターを抜き出しました。

「見てみろ、こんなに濡れているよ……」

確かにそれは、恥ずかしいほど愛液まみれになっていました。

「あっ、ん……」

柳さんが私の左の太腿を腕で抱え上げました。私の濡れたあそこが大きく開かれて、ひんやりとした外気さえ感じました。それほど熱くなっていたのです。

「……俺のもさわってみろよ」

言われるままに、私は柳さんの股間に手を伸ばしました。そこにはすでに露出したペニスがありました。ズボンをはいたまま、柳さんは出していたのです。

「すごい……こんなに大きくなって……！」

声をひそめたいと思っているのに、つい大きな声が洩れてしまいました。

「入れるぞ……」

私は柳さんの首に両腕を巻きつけて、無言のままうなずきました。

これまで何度も柳さんのペニスを受け入れているけど、このときほど膣の内部が敏感になったことはありません。外でするのは初めてでしたが、こんなに感じるなんて夢にも思いませんでした。声を出せないのが、また、苦しいけど気持ちいいのです。

「そら……根元まで入った……」

柳さんのペニスの亀頭から幹の根元のふくらんだところまで、膣の内側でしっかりと感じることができました。人には言えない関係を、人目につきそうな外でしているという背徳感が、身震いするほどの快感でした。腰が自然に動きます。

夕方とはいえ、まだまだ蒸し暑く、おまけに興奮で汗もかきました。柳さんも私も全身びっしょりになりながら、目立たぬよう、でも激しく腰を動かしました。

こんな体勢でするのは初めてだったので、最初のうちはぎこちなかったですが、だんだん要領をつかんで、リズミカルな動きになって、快感も増していきます。

「ん、ん……気持ちいい……」

「うっ……俺もだ……」

柳さんの腰の動きが、だんだん速くなってきました。

私はさっき絶頂の直前に止められたこともあって、いつも以上に大きな絶頂が押し寄せているのが、来る前からわかりました。

「お願い……来て……このまま……!」

柳さんがスパートのピストンを私にぶつけます。樹に押しつけられた私の体が、上に持ち上がるほどの勢いでした。もはや、人目も気にしていませんでした。

「いっ……イク……」

それがどちらの言葉だったのかもわからないくらい、同時に、私たちは達してしまったのです。この年の夏で、もっとも鮮烈《せんれつ》な体験でした。

◉読者投稿手記募集中！

素人投稿編集部では、読者の皆様、特に女性の方々からの手記を常時募集しております。真実の体験に基づいたものであれば長短は問いませんが、最近のSEX事情を反映した内容のものなら特に大歓迎、あなたのナマナマしい体験をどしどし送って下さい。

●採用分に関しましては、当社規定の謝礼を差し上げます（但し、採否にかかわらず原稿の返却はいたしませんので、控え等をお取り下さい）。

●原稿には、必ず御連絡先・年齢・職業（具体的に）をお書き添え下さい。

〈送付先〉
〒101-8405
東京都千代田区神田三崎町2－18－11
マドンナ社
「素人投稿」編集部　宛

◉新人作品**大募集**◉

マドンナメイト編集部では、意欲あふれる新人作品を常時募集しております。採用された作品は、本人通知のうえ当文庫より出版されることになります。

【応募要項】未発表作品に限る。四〇〇字詰原稿用紙換算で三〇〇枚以上四〇〇枚以内。必ず梗概をお書き添えのうえ、名前・住所・電話番号を明記してお送り下さい。なお、採否にかかわらず原稿は返却いたしません。また、電話でのお問い合せはご遠慮下さい。

【送付先】〒一〇一-八四〇五 東京都千代田区神田三崎町二-一八-一一 マドンナ社編集部 新人作品募集係

素人告白《しろうとこくはく》スペシャル《すぺしゃる》 真夏《まなつ》の絶頂《ぜっちょう》不倫《ふりん》旅《たび》

二〇二三年八月十日 初版発行

編者◉素人投稿編集部【しろうととうこうへんしゅうぶ】

発行◉マドンナ社
発売◉二見書房 東京都千代田区神田三崎町二-一八-一一
電話 〇三-三五一五-二三一一(代表)
郵便振替 〇〇一七〇-四-二六三九

印刷◉株式会社堀内印刷所 製本◉株式会社村上製本所 落丁・乱丁本はお取替えいたします。定価は、カバーに表示してあります。
ISBN978-4-576-23085-6 ◉Printed in Japan ◉©マドンナ社

Madonna Mate